Kassandra vor dem Löwentor
Die schönsten Szenen bei Christa Wolf

Monika Melchert

Kassandra vor dem Löwentor

Die schönsten Szenen bei Christa Wolf

Ein Lese-Verführer

trafo

Bibliografische Informationen Der Deutschen Bibliothek
Die Deutsche Bibliothek verzeichnet diese Publikation
in der Deutschen Nationalbibliografie;
detaillierte bibliografische Daten sind im Internet
über http://dnb.ddb.de abrufbar

Impressum

ISBN 978-3-89626-838-9

1. Auflage 2009

trafo Literaturverlag
Finkenstraße 8, 12621 Berlin
Tel.: 030/56701939
Fax: 030/56701949
e-Mail: trafoberlin@t-online.de
Internet: http://www.trafoberlin.de

Satz und Layout: Ina Walzog Verlags- & Medienservice, Berlin
Umschlagbild: Nadja Nicodemus

Druck und Verarbeitung: SDL oHG, Berlin
Printed in Germany

Inhalt

1Kg

Der geteilte Himmel

Früher suchten sich Liebespaare vor der Trennung einen Stern, an dem sich abends ihre Blicke treffen konnten. Was sollen wir uns suchen?
»Den Himmel wenigstens können sie nicht zerteilen«, sagte Manfred spöttisch.
Den Himmel? Dieses ganze Gewölk von Hoffnung und Sehnsucht, von Liebe und Trauer? »Doch«, sagte sie leise. »Der Himmel teilt sich zuallererst.«

Es ist ihr etwas geschehen. Etwas Furchtbares. Sie hat eine Erfahrung gemacht. Nun sucht sie die Geschichte zu dieser Erfahrung. Die Trennung vom Liebsten kann für einen Menschen das Schwerste auf der Welt bedeuten. Wenn einem dieser liebste Mensch entrissen wird, durch äußere oder innere Mächte, kann einem das Leben zerbrechen, der Halt und der Sinn von allem abhanden kommen. Es sei denn, es existierte in seinem Innersten etwas, das unzerstörbar ist.

Der Himmel über Deutschland – zerrissen in zwei Hälften. Dazwischen ein unüberwindlicher Abgrund. Es ist August 1961. In wenigen Tagen wird quer durch Berlin eine

Mauer errichtet. Fortan muss man in Deutschland für Jahre an zwei Ufern leben. Das gilt auch für Liebespaare, die durch die Teilung auseinandergerissen werden. Und doch ist der Himmel das Sinnbild ihrer Hoffnung, dieses weite Himmelsrund, das alles überwölbt, das Gemeinsame und das Trennende, die Gefahr, die plötzlich wieder in der Welt ist, und auch das politisch Kleinliche.

Doch der Riss, der durch den Himmel geht, teilt nicht nur Deutschland und die Stadt Berlin in zwei Hälften, sondern die ganze Welt – Resultat des Kalten Krieges, der dem großen Weltkrieg gefolgt war. Eine zweigeteilte Welt versetzte die Menschheit für lange Zeit in eine waffenbestückte Erstarrung. Wie konnte eine Liebe da bestehen, mit diesem Abgrund zwischen Mann und Frau? Das, was stets als Symbol der Zusammengehörigkeit eines Liebespaares gegolten hatte, das Himmelszelt, teilt sich zuallererst. Sie konnten zusammen nicht kommen, der Himmel war viel zu … tief zerrissen. Im Liebeslied, das der Dichter Simon Dach im 17. Jahrhundert über die Liebe eines befreundeten Paares schrieb, Ännchen von Tharau und ihren Bräutigam, heißt es: »Ich will dir folgen / durch Wälder und Meer, / Eisen und Kerker und feindliches Heer …«. Und der Liebste verspricht darin der Geliebten: »Mein Leben schließt sich um deines herum«. Ein so anrührendes wie symbolisches Versprechen: Niemals werde ich dich allein lassen, wohin es dich auch verschlägt. Und Rita, das Mädchen aus dieser Geschichte – kann sie ihm folgen, dem Mann, den sie so sehr liebt, wie noch keinen zuvor in ihrem Leben und vielleicht keinen nach ihm? Kann sie diese zweigeteilte Welt durch ihre Liebe wieder zu einer machen? Kann sie diesen Riss schließen? Die umgekehrte Frage stellt sich gar nicht: Manfred ist es ja, der gegangen ist, sein Land verlassen hat. Ob er zurückkommen würde, liegt außerhalb seiner Überlegungen. Worte waren gewechselt worden, die durch nichts mehr zu ergänzen sind. Alles ist gesagt. Sie Sehnsucht aber wird nicht geringer werden.

Peter Weiss hat 1965 »10 Arbeitspunkte eines Autors in der geteilten Welt« formuliert. Er, so sagt er darin, habe sich entschieden für die »Richtlinien des Sozialismus«, was auch für Fehler noch in seinem Namen begangen werden mögen. Und er hoffte, daraus könne für künftige Zeiten gelernt werden. Da ist es ausgedrückt: Der Mensch dieser Epoche hatte sich zu entscheiden – für die eine oder für die andere Welt. Doch jede Entscheidung ist untrennbar verbunden mit der Ablehnung der anderen Welt. Eine unsägliche Zeit, die dem Menschen dieses Entweder-Oder abverlangt. In genau diesen Zwiespalt geraten die Liebenden in Christa Wolfs Buch.

Es ist aber ihre Lebenszeit, die mit der Teilung zerrissen wird, ihre Jugend, die kostbarste Zeit im Leben überhaupt. Einem Menschen diese Zeit zu nehmen, ist furchtbar und lieblos. Man hat nur ein Leben, es ist begrenzt, und wenn die Jugend vorüber ist, kann man diese Jahre nie mehr nachholen. Und dennoch heißt es im Buch, sie lebten *aus dem vollen, als gäbe es übergenug von diesem seltsamen Stoff Leben, als könnte er nie zu Ende gehen*. Eine Formel, die immer wiederkehrt. Im Konjunktiv zwar, aber doch mit einer ansteckenden Sicherheit formuliert, suggeriert sie die Überzeugung, mit dem Ende dieser Liebe ist das Leben nicht abgebrochen, jener *seltsame Stoff Leben* erneuert sich immer wieder, soviel man ihm auch anhaben möge – als gäbe es *übergenug* davon. Beinahe klingt es wie eine Märchenformel, und wer mit Märchen vertraut ist, denkt vielleicht nicht von ungefähr an die Geschichte vom Hirsebrei. Soviel man davon aufzehrt, so oft erneuert er sich, dieser lebensspendende »Brei«. Es ist jedoch eine ganz unmärchenhafte Liebesgeschichte, die Christa Wolf ihre Rita erleben lässt. Sie ist, im Gegenteil, hart und sehr zeitverhaftet. Mit dieser Härte aber gewinnt sie etwas von einem Gleichnis, denn die Zeit, in der sie spielt, hielt solcherart Auseinanderreißen in reichlichem Maß bereit.

Die Schriftstellerin bettet die Liebesgeschichte zwischen Rita und Manfred ein in die Erzählung über das Umfeld ihres beruflichen Engagements. Manfred, der junge, vielversprechende Chemiker, hat gerade seine Doktorarbeit erfolgreich abgeschlossen. Rita will Lehrerin werden und absolviert vorher einen Einsatz in der Praxis, arbeitet in einer Brigade im Waggonwerk. Als der Roman entsteht, wohnt Christa Wolf seit 1959 mit ihrer Familie in Halle. Im nahen Waggonwerk Ammendorf betreut sie einen Zirkel schreibender Arbeiter, wie es damals von vielen Schriftstellern erwartet wurde. Ihr Schreiben sollte sich ganz real auf das Beteiligtsein am sozialistischen Aufbau in der DDR gründen. Daraus entwickelt die junge Autorin ihren Stoff. Nach dem Scheitern ihrer Liebesbeziehung, dem Weggang Manfreds, stürzt Rita in eine tiefe psychische Krise, die sich von außen gesehen in einem physischen Zusammenbruch manifestiert: Sie fällt mitten auf den Bahnschienen des Werkgeländes in Ohnmacht. Das Bewusstsein verlässt sie. Der Körper wehrt sich gegen das Übermaß der Belastung, indem er seinen Dienst verweigert. Die junge Frau fühlt sich ausgehöhlt, ohnmächtig durch die Zerstörung ihrer Liebe. Es ist eine Liebe, die nicht glückt. Die Wunde will sich nicht schließen in diesem gespaltenen Land.

Im Krankenzimmer beginnt die Handlung des Romans. Immer wieder in den Geschichten, die Christa Wolf erzählt, wird es diese Situation geben: Krankheit eines Menschen, der in eine schwere Krise gefallen ist. Und der lange Weg des Genesens. Die körperliche Erkrankung als Ausdruck einer schmerzhaften Zäsur, die wie ein Riss durch das Leben geht. Hier wird zum ersten Mal jenes Motiv angeschlagen, das später als so charakteristisch im Werk der Schriftstellerin erscheint. »Leibhaftig« (so der Titel ihres Romans aus den späten Jahren) wird sie selbst solche krisenhaften Lebenssituationen mehr als einmal durchzustehen haben.

Während ihres allmählichen Genesens im Sanatorium muss Rita intensive Trauerarbeit leisten, die einzige Möglichkeit, sich aus der tiefen Grube herauszuziehen. Es ist die Trauer über etwas für immer Verlorenes. Aber auch, Schritt für Schritt, die neue Gewissheit, dass sie in sich selber wieder eine Festigkeit finden wird, die ihr das Leben wert macht. Bis sie jedoch dahin gelangt, fällt es ihr sehr schwer, ihr eigenes Leben zu fassen. Wie von sich selber abgerückt kommt es ihr vor. Lange kann sie ihr Leid nicht benennen. Der Verlust ist wie ein Schrei, der ihr in der Kehle stecken bleibt. Die gedehnte Zeit des langsamen Genesens, des Zu-sich-selber-Kommens, ist ihr wie der Blick durch eine erblindete Glasscheibe auf ihr zurückliegendes Leben. Aber sie muss sich ihrer Erfahrung stellen, koste es, was es wolle. Sie muss eine Sprache für ihr Leid finden. »Denn abgeschlossen ist, was erzählt ist. Erst dann hat er diese Wüste für immer durchquert« – so der Ich-Erzähler in Anna Seghers' Exilroman »Transit« über einen Angehörigen der französischen Fremdenlegion, auf dem ungeheuerliche Erlebnisse zentnerschwer lasten. Jener kann dem einsamen Mann helfen allein dadurch, dass er ihm zuhört und mit ihm zusammen ausharrt. Das Mädchen Rita hat allerdings keinen, dem sie das alles erzählen kann. Deshalb wird es später, in der Erzählung »Unter den Linden«, für die Ich-Erzählerin so wichtig sein, wenn sie ihre Traumgeschichte mit den Worten beginnt: Ich wusste gleich, wem ich es erzählen konnte … Das verleiht ihr dieses überwältigende Gefühl von Sicherheit. Nicht jeder hat dieses Glück, einen solchen Vertrauten zu haben, der die uneingeschränkte Bereitschaft mitbringt, zuzuhören.

Rita aber weiß auch, dass *dieser seltsame Stoff Leben* im Grunde nicht *zu Ende gehen* kann. Die Erinnerung an jene zurückliegenden Wochen, die sie zu einer solchen schweren Entscheidung drängten, wird sich in ihrem Empfinden immer mit *brandroten Sonnenuntergängen* verbinden, vor denen dunkler Rauch aufsteigt, und sie bis in die Träume hinein verfolgen. Solche Himmelsvisionen leben von einer großen, ihnen innewohnenden Bildkraft. Der Himmel also wird zur alles überspannenden Metapher. Christa Wolf kann Himmel so beschreiben, dass wir sie sehen: den über Mecklenburg, den über Troia, den über Kalifornien, blassblaue, tief azurfarbene, rötlich angestrahlte Himmel – das Licht der jeweiligen Landschaft steht bei ihr oft für die ganze Natur in ihrer sinnlichen Erscheinung. Es ist dann immer auch die innere Landschaft der literarischen Figur, die eine Erfahrung gemacht hat und nun die Geschichte zu dieser Erfahrung sucht, wie es dem Mann in Max Frischs Roman »Mein Name sei Gantenbein« ergeht – ein Autor, den Christa Wolf lebenslang bewundern wird.

Juninachmittag

Der sinkende Tag, sagt man ja. Warum soll man nicht spüren können, wie er sinkt: vorbei an der Sonne, die schon in die Fliederbüsche eintaucht, vorbei an dem kleinen Aprikosenbaum, an den heftigen Schreien der Kinder, auch an der Rose vorbei, die nur heute und morgen noch außen gelb und innen rosa ist. Aber man kriegt Angst, wenn immer noch kein Boden kommt, man wirft Ballast ab, dieses und jenes, um nur wieder aufzusteigen. Wer sagt denn, daß der Arm schon unaufhaltsam ausgeholt hat zu dem Schlag, der einem die Hände aus allem herausreißt? Wer sagt denn, daß diesmal wir gemeint sind? Daß das Spiel ohne uns weiterginge?

Der Zauber eines Sommernachmittags liegt über der Szene. Gelöst und frei scheinen alle, versunken und zugleich konzentriert auf das, was Phantasie und Wirklichkeit geschehen lassen. Endlich einmal, nach so vielen Regentagen, ein Nachmittag, den die Familie in ihrem Garten verbringen kann. In diesem Garten, der in jenem Jahr so üppig blüht und wuchert, als wolle er unter Beweis stellen, was er kann, selbst in der eher kargen märkischen Landschaft. Die pure Lust und Freude. Die Kinder treiben ihre Spiele, kindliche und pubertäre, die

Eltern pflegen Weinstock und Rosenstrauch, liegen im Liegestuhl mit einem Buch, dessen Lektüre man bisher immer wieder aufgeschoben hatte. Am Zaun entstehen beiläufige Gespräche mit den Nachbarn, belanglos und freundlich. Man genießt den Sommertag. Eine angenehme Müdigkeit, ausgelöst von Sommersonne und der ersehnten Behaglichkeit, breitet sich aus. Das Lebendige der Natur umgibt sie alle wie etwas, das sie atmen und fühlen lässt.

Aber da ist auch das andere, das nicht am Gartenzaun Halt macht: Die gefährdete Welt dahinter, die Konfrontation der beiden politischen Systeme, die sich hier, in ihrer unmittelbaren Nähe, gegenüberstehen. Denn der Garten, dieses Reich der scheinbaren Idylle, liegt dicht bei Berlin, vor den Toren der geteilten Stadt. Die Mauer, die die Stadt und das Land, ja die die Welt teilt, verläuft unweit ihres Grundstücks. Es gibt keine Garteneinsamkeit fernab dieser Welt. Immer ist man mittendrin, immer ein Teil davon. Manchmal kommt es vor, dass man sich willig und wie absichtslos fallenlässt, beinahe so, wie ein Tag sinkt – und plötzlich ist da das Erschrecken, wenn die Füße keinen Grund finden, wenn der Boden nicht trägt. Die Hände, die man im Spiel hat – so spürt man dann –, könnten einem ganz schnell weggeschlagen werden. Die Welt um die Familie herum ist nicht heil. Die Düsenjäger, die die Schallmauer durchbrechen über dem Garten, die Hubschrauber, die zur Beobachtung die nahe Grenze abfliegen, sind Boten einer Situation, in der das Kräftegleichgewicht gerade so gewahrt wird. Wenn nur nichts – kein Störfall, keine Katastrophe – daran rührt.

Darunter aber läuft das normale Leben ab. Wenn die Kinder nach oben schauen, ihre Blicke angelockt vom Lärm der Hubschrauber, können sie in den Kanzeln die Gesichter der

Flieger erkennen. So nah sind sie und so fern. Das Alltägliche und das Gefährliche, Liebesbriefchen der Heranwachsenden und der Unfalltod einer Nachbarin liegen dicht nebeneinander. Der Garten in seiner schönen Pracht und Üppigkeit hält alles im Gleichgewicht.

Die Ich-Erzählerin mit ihrem Buch, das sie in den Schoß sinken lässt, wenn die kleine Tochter – stets nur das Kind genannt – sie immer wieder ins Gespräch zieht, beobachtet und erlebt zugleich. Durch ihre Augen erhalten wir Einblick in das Beziehungsgeflecht innerhalb der Familie. Der Vater nimmt die jüngere Tochter bei der Hand und sucht mit ihr an ihrer geheimen Wiesenstelle den vierblättrigen Glücksklee. Die ältere Tochter gesteht währenddessen der Mutter ihr maßloses Vertrauen, ihre unendliche kindliche Liebe. Jeder in der Familie hat seinen Platz, spielt seine Rolle. Es ist eine schöne Selbstverständlichkeit des Zusammenseins, eine heitere Gelassenheit, die diese vier Menschen verbindet. Sie schließt gleichwohl Meinungsverschiedenheiten im Alltag nicht aus. Da muss man einander nicht immerzu versichern, dass man sich liebe. Es braucht gar keine großen Worte. Dieses Gefühl ist einfach da zwischen ihnen. Es sichert die Beständigkeit ihrer Verbundenheit. Man steht auf festem Grund.

Es ist ein assoziatives Erzählen, das eine Unmittelbarkeit herstellt, als seien wir, die Leser, anwesend und belauschten die in ihrem Liegestuhl lesende, reflektierende Erzählerin. Im Idealfall sollten sich die Strukturen des Erlebens mit den Strukturen des Erzählens decken, wird es Jahre später im Roman »Kindheitsmuster« heißen. Hier, in dieser frühen Erzählung von 1965, probiert Christa Wolf ihr Schreibprinzip aus, spielt sie durch, was sie einmal als die angestrebte *phantastische Genauigkeit* bezeichnen wird. So ist diese Geschichte über einen familiären Sommernachmittag auch ein Text über das Erzählen.

Es ist ein *federleichter* Nachmittag, an dem in wenigen Stunden das zusammenfließt, was ihr Leben im Ganzen ausmacht. Jahre später einmal werden die Töchter sich erinnern an solche Nachmittage ihrer Kindheit, an die Geborgenheit in einer Familie, die nicht alles Bedrohliche fernhalten wollte, ihnen aber doch die Sicherheit vermittelte, zu einem festen Kern zu gehören, geliebt und beschützt zu sein. Eine unverzichtbare Grundlage für das Erwachsenwerden.

Die einzelne, wegen ihrer besonderen Schönheit hervorgehobene Rose, außen gelb, nach innen, in einem ungewöhnlich tiefen Blütenkelch, beinahe rosa, wird zum Inbegriff der Vergänglichkeit und Gefährdung. Lange wird die Rose nicht unangetastet bleiben. Nur heute und vielleicht morgen noch wird sie so schön und wie unberührt dastehen. Aber ist das nicht das Normale? Geht nicht das Leben immer so vonstatten, dass etwas entsteht und ein anderes vergeht? Es hat auch etwas tief Tröstliches: Immer wieder wird eine besonders schöne Rose erblühen, die ihre Kraft aus demselben Stamm zieht, an dem soeben eine andere erloschen ist. Nicht die Trauer über die Vergänglichkeit allen Lebens überwiegt, keineswegs. Und man soll sie doch wahrnehmen, die zauberhafte Blume, die Lebendigkeit des Daseins, die Liebe zwischen den Mitgliedern der Familie. Darauf zielt das Erzählen. Die Kostbarkeit des Lebens wird gefeiert – in der Beschreibung dieser gewöhnlichen Stunden eines Juninachmittags.

Die zumutbare Wahrheit
Prosa der Ingeborg Bachmann

Eine Stimme wird man hören: kühn und klagend. Eine Stimme, wahrheitsgemäß, das heißt: nach eigener Erfahrung sich äußernd, über Gewisses und Ungewisses. Und wahrheitsgemäß schweigend, wenn die Stimme versagt.

Christa Wolf spricht von der Prosa der Schriftstellerin und meint den Ton ihres Erzählens. Aber man assoziiert zugleich auch die Stimme der Ingeborg Bachmann, jenen ganz eigenen, eigenwilligen Klang, den Tonfall ihrer österreichischen Mundart, spröde und doch weich. Manchmal verunsichert, dann wieder selbstbewusst und stolz. Eine weibliche Stimme. Eine Dichterin, zu der sie sich gern in Beziehung setzen mag. Eine Schwester in der Literatur. Die sie ganz verstehen kann.

Sie schreibt diesen Text 1966 als Nachwort für eine Ausgabe von Erzählungen der Ingeborg Bachmann in der DDR. »Undine geht« war die berühmteste Erzählung der Dichterin geworden. Christa Wolf ist fasziniert von diesem Prosastück, das das Fouquésche Märchenmotiv von der Nixe Undine aufnimmt und doch weit darüber hinausgeht. Zivilisationskritik ist das Stichwort. Sie sieht, wie Undine, die doch die

Menschen liebt und sich zur Liebe verurteilt fühlt, dennoch gezwungen ist, *›ihr‹ zu sagen, sich zu trennen, zu gehen.* Aber natürlich, sagt Ingeborg Bachmann auf Nachfragen, ist Undine keine Frau, sondern, *um mit Büchner zu reden*, »die Kunst, ach die Kunst«. Es geht um die Gegenposition zum platten Nützlichkeitsdenken in der Gesellschaft, damals wie heute, und der Geist, die Kunst, kann nur einen Gegenentwurf liefern für einen menschenwürdigen Gebrauch von sich selber. Die Kunstfigur der Undine, dieser romantischen Idee mit gewaltiger Sprengkraft, wird bei Ingeborg Bachmann zugleich zum Inbegriff der Liebenden, deren Liebe nicht angenommen wird. Die Zurückweisung durch die Männer, die alle Hans heißen, immer wieder Hans, treibt den Schmerz und die Unmöglichkeit zu leben hervor, gnadenlos. Es sind diese Männer mit »den weißen Manschetten um die Handgelenke, den ausgefransten Pullovern, den uniformen grauen Anzügen, den groben Lederjacken und den losen Sommerhemden«, deren Denken um nichts anderes kreist als »Grenzen und Politik und Zeitungen und Banken und Börse und Handel und dies immerfort«. Doch Christa Wolf liest aus dem Text auch sehr genau das Bekenntnis der Undine-Figur heraus, »daß ihr mehr seid als eure schwachen, eitlen Äußerungen, eure schäbigen Handlungen, eure törichten Verdächtigungen«. Keineswegs geht es um Männerhass. Die Dichterin selbst ist eine große Liebende, eine Verzweifelte, aber auch eine Hoffende.

Ingeborg Bachmanns Literatur, die Prosa wie die Lyrik, ist darauf gerichtet, den menschenwürdigen Umgang miteinander einzuklagen. So in ihrem Roman »Malina« wie in ihrem gesamten, als Romanprojekt Fragment gebliebenen »Todesarten«-Zyklus. Am Ende ihres Lebens wird sie an einem Punkt angelangt sein, an dem sie den Frauen *und* den

Männern alles zutraut, auch als Programm für die Zukunft: »Und alles wird fallen, was uns heute kaputt macht. Wir werden nicht mehr krank sein, wir werden frei sein. Wir werden miteinander frei sein, die Männer und die Frauen. Und wir werden die Güte wieder entdecken und die Liebe wieder entdecken und das wird unsere Freiheit sein«.

Ingeborg Bachmanns Rede »Die Wahrheit ist dem Menschen zumutbar« ist ein großes Bekenntnis. Und Christa Wolf ermutigt die Leser, die Prosa der Bachmann so zu lesen, wie sie geschrieben wurde: mit Emphase, aber ohne alle Resignation, analytisch, doch nie distanziert. *Nicht kampflos* weiche sie zurück, *nicht widerspruchslos* verstumme sie, und – dies das Entscheidende – *nicht resignierend* räume sie das Feld. Sie, die nach Rom ging, weil sie die selbstgerechte Nachkriegsgesellschaft in ihrer österreichischen Heimat nicht ertragen konnte, jenes Ignorieren und Leugnen der faschistischen Vergangenheit. Italien nennt sie darum im Gedicht auch »mein erstgeborenes Land«. Ihre Dichtung verfolgt ein Ziel, will jemanden erreichen. Und über eines ihrer letzten Gedichte, »Böhmen liegt am Meer«, wird Ingeborg Bachmann wenige Monate vor ihrem Tod sagen, es sei das einzige Gedicht, zu dem sie immer stehen werde, denn es richte sich an alle Menschen, »die auf ihr Land hoffen«. Es sei das Gedicht einer geistigen Heimkehr, und sie glaube so fest daran, »für mich ist es die Hoffnung und das einzige Land, was es gibt«. Böhmen wird darin zur Metapher für ein lebbares Leben in einer humanen Welt.

Was beide Dichterinnen miteinander verbindet, ist mehr als die Nähe ihres Geburtsjahres – Ingeborg Bachmann 1926, Christa Wolf 1929. Nur drei Jahre trennen sie, aber sie gehören derselben Generation an, die als Kind durch den Nationalsozialismus in ihren Heimatländern geprägt worden ist. Ich stelle mir vor, worüber sie gesprochen hätten, wenn sie sich einmal persönlich begegnet wären, in Rom oder Zürich oder Berlin. Ingeborg Bachmann hat einige Jahre, nach der Trennung von Max Frisch, im Berliner Westen gelebt. Sie war befreundet mit vielen Schriftstellern ihrer Generation, besonders mit Uwe Johnson, den auch Christa Wolf gut kannte. Man hätte sich also durchaus treffen können. Doch in Wahrheit trennte wohl auch sie die Mauer durch die Stadt. In den siebziger Jahren haben sich beide auf eine sehr nachdrückliche Weise in der Literatur mit ihren frühen Erfahrungen auseinandergesetzt. Als Ingeborg Bachmann den Roman »Malina« schreibt, wird der Faschismus in Österreich, dieses Stigma der Vätergeneration, zu ihrem Thema. 1971 bekennt sie in einem Interview, es habe einen bestimmten Moment gegeben, der ihre Kindheit zertrümmert hat: der Einmarsch von Hitlers Truppen in ihre Heimatstadt Klagenfurt 1938. Es sei etwas so Entsetzliches gewesen, dass mit diesem Tag ihre Erinnerung anfange: »durch einen zu frühen Schmerz, wie ich ihn in dieser Stärke vielleicht später überhaupt nie mehr hatte«. Und sie spricht von dieser ungeheuren Brutalität, die spürbar war. Dieses Brüllen, Singen und Marschieren sei »das Aufkommen meiner ersten Todesangst« gewesen. Christa Wolf geht in ihrem Roman »Kindheitsmuster« ganz ähnlichen Spuren nach. Sie sieht in ihrer Heimatstadt Landsberg an der Warthe 1938 die Synagoge brennen und hat zum ersten Mal in ihrem bewussten Leben das Empfinden: Das darf nicht sein! Das ist falsch, das ist böse. Gesprochen werden beide Mädchen darüber mit niemandem haben. Zu tief saß der Schrecken.

Nachdenken über Christa T.

Fast wäre sie wirklich gestorben. Aber sie soll bleiben. Dies ist der Augenblick, sie weiterzudenken, sie leben und altern zu lassen, wie es jedermann zukommt. Nachlässige Trauer und ungenaue Erinnerung und ungefähre Kenntnis haben sie zum Schwinden gebracht [...]. Und bloß nicht vorgeben, wir täten es ihretwegen. Ein für allemal: Sie braucht uns nicht. Halten wir also fest, es ist unseretwegen, denn es scheint, wir brauchen sie.

Eine Frau, die anders war als erwartet, anders als die meisten anderen. Die ohne Rückversicherung lebte, die so leben wollte, dass sie sich dabei selber begegnet. Die andere damit verschreckte, dass sie aufs Ganze ging. Nach dem frühen Tod der Freundin Christa T. will die Ich-Erzählerin die Erinnerung an sie festhalten, um jeden Preis. Sie versucht sich allen Materials zu versichern, der Aufzeichnungen und Tagebücher der Toten, Aussagen von ihr Nahstehenden, des eigenen Gedächtnisses. Eine aufwendige, anstrengende Arbeit. Trauerarbeit. Sie will herausfinden, was an Christa T. so anders war, und warum sie nicht nach den vorgegebenen Mustern leben konnte, die man ihr zugestehen wollte. War sie deshalb ein unbequemer

Mensch, ein sperriger Charakter, oder war sie im Gegenteil kostbar, weil eigenwillig, auf dem eigenen Willen bestehend? Ihre Art, es drauf ankommen zu lassen, so die Ich-Erzählerin einmal über die Freundin, war für die meisten einfach nicht zu billigen. Spricht das für oder gegen sie?

Der Prozess, eine Vorstellung, ein Bild von ihr zu gewinnen, ist langwieriger als gedacht. Ein einfaches ja oder nein, für oder gegen, verbietet sich, das weiß die Erzählerin von Anfang an. Sie will behutsam und ganz offen nachdenken, ihr nach-denken. Am Ende steht das Buch, das, als es 1969 in der DDR und gleich darauf auch in der Bundesrepublik erscheint, viel Aufmerksamkeit findet.

Es ist *unseretwegen*, heißt es. Wir also *brauchen sie*. Wofür haben wir die Erinnerung an sie nötig? Was hätten wir verloren, wenn wir sie vergessen würden? – Stephan Hermlin schreibt in seinem Buch »Abendlicht« davon, wie er lange Zeit in seinem Leben die Stelle im »Kommunistischen Manifest« stets in einer ganz bestimmten Weise gelesen hat, wie selbstverständlich: Dass »die freie Entwicklung aller die Bedingung für die freie Entwicklung eines jeden« sei. Wie er dann jedoch, etwa in seinem fünfzigsten Jahr, wie vom Blitz gerührt gewesen sei, als er feststellte, er habe das ein Leben lang falsch gelesen, weil es seinem damaligen Weltverständnis so entsprochen hatte, und der Satz von Marx und Engels in Wirklichkeit genau das Gegenteil besagt, nämlich dass »die freie Entwicklung eines jeden die Bedingung für die freie Entwicklung aller ist«. Eine ungeheure Feststellung! Es ist wie eine Antwort auf die Frage, warum wir Christa T. so sehr brauchen.

Sie war ein wertvoller Mensch. Einer, der unter Dutzenden nur einmal vorkommt. Dünnhäutig und empfindlich war sie gegen Gedankenlosigkeit. Da konnte sie keine Kompromisse machen. Die Erzählerin will der Freundin, die nicht mehr da ist, eine Stimme geben, ihrer verschollenen Stimme die Sprache zur Verfügung stellen, um sich auszudrücken.

Was ist das aber, dass Christa T. das Misstrauen, ja manchmal gar die Abwehr der anderen, der Masse auf sich zieht, etwa in ihrer Studiengruppe? Warum begegnet man ihr mit Vorbehalten? Es ist die Empfindlichkeit der Begabten, ihre intensive Empfindsamkeit, die sie aus der Masse heraushebt. Die sie dazu verurteilt, sich nicht anpassen zu können, den eigenen Lebensentwurf nicht verbiegen zu lassen. Etwas ganz Besonderes geht von ihr aus, das nur einige wahrzunehmen bereit sind, wie die Freundin. In ihrer Gegenwart beginnt die Welt zu glänzen. Etwas leuchtet auf, wenn sie von ihren Vorstellungen spricht. *Wann – wenn nicht jetzt?*

Brecht hatte in seinem Gedicht »An die Nachgeborenen«, geschrieben während der Emigration vor den Nationalsozialisten, reflektiert: »Ach, wir, / Die wir den Boden bereiten wollten für Freundlichkeit / Konnten selber nicht freundlich sein.« Das war in der Zeit der Kämpfe, als es um die grundlegende Auseinandersetzung zwischen Zivilisation und Barbarei ging. Jetzt, da die Generation der Christa T. erwachsen ist, wäre eigentlich die Zeit für Freundlichkeit, denn jetzt sind die *Nachgeborenen* dran: Was jetzt geschieht, geschieht ihnen. Und doch scheint auch während dieser Jahre die Zeit für Freundlichkeit nicht gekommen: Das Misstrauen allen gegenüber, die vom üblichen Maß abweichen, ist ungebrochen. Die Kanten und Ecken will man ihnen amputieren. Und doch sind gerade das die Wesensmerkmale, die Menschen wie Christa T. zu etwas Besonderem machen.

Aber sie soll bleiben, sagt die Ich-Erzählerin über die Freundin. Darin spricht der Trotz, dem Tod nicht zu gestatten, sie ins Vergessen abzudrängen – sie dem Leben zu erhalten: für uns. Ist das überhaupt möglich, dem Tod Paroli zu bieten? Sie also nicht sterben zu lassen? Kann das realistisch sein und nicht nur ein schöner Traum? Das Realismuskonzept Christa Wolfs ist weit und offen; Träume, Hoffnungen, Visionen der Menschen – auch von sich selbst – finden Eingang, Unfertiges, ja Illusionäres, erst in Ansätzen zu erahnen, gehört zur Realität, das Entstehen von etwas Neuem, auch im Prozess gegen zähe Widerstände. Die Figur der Christa T. ist die Verkörperung von all dem. Das ist der Realismusauffassung von Anna Seghers eng verwandt, die in ihrer Erzählung »Reisebegegnung« den Dichter Kafka sagen lässt, zweifellos gehören unsere Träume und Phantasien zur Wirklichkeit – »wozu sollten sie denn gehören?«.

Die Freundinnen, einst Schulkameradinnen in Christa Wolfs Heimatstadt Landsberg an der Warthe, treffen sich Anfang der 50er Jahre beim Studium der Germanistik in Leipzig wieder. Schnell bemerkt die Ich-Erzählerin diesen Unbedingtheitsanspruch bei der Freundin, sich nicht abzufinden mit dem Kläglichen, Unbefriedigenden, sondern stets das irgend Mögliche zu versuchen.

Dieses Frauenschicksal, das Christa Wolf nach eigenem Erleben, nach Tagebüchern und Briefen ihrer Freundin Christa Tappert gestaltet, wird symptomatisch für die DDR-Literatur der sechziger und siebziger Jahre, die vom schwierigen Prozess des Suchens, des Ankommens oder Scheitern in der neuen Gesellschaft handelt. Es hat jedoch einen geradezu verblüffenden Erfolg auch in der Bundesrepublik und in anderen westeuropäischen Ländern, wird schnell in viele Sprachen übersetzt und bekommt auf diese Weise eine Funktion weit über das einzelne Frauenschicksal hinaus: Es geht um nicht mehr und nicht weniger als um die Bedingungen und Entfaltungsmöglichkeiten des Individuums in der modernen Gesellschaft. Mit Johannes Bobrowski und seiner literarischen Figur des Romantikers Kasimir Boehlendorff fragt die Autorin danach, wie eine Welt beschaffen sein muss, damit ein moralisches Wesen in ihr leben kann.

Christa T. will Lehrerin werden, wirft all ihren Enthusiasmus und ihr Engagement in die Waagschale, um ihre Schüler zu offenen, gerechten Menschen mit einem aufrechten Gang zu erziehen. Sie möchte, dass jeder einzelne einen hohen Anspruch an sich selber hat. Er soll von anderen nicht klein denken, aber schon gar nicht von sich selber. Doch die junge Lehrerin scheitert daran. Das beginnt schon während des Studiums, dass diejenigen Kommilitonen, die glauben, das richtige politische Verständnis für sich gepachtet zu haben, von ihr etwas fordern, was sie nicht zu leisten bereit und in der Lage ist: sich anzupassen, sich stromlinienförmig in die Masse einzufügen. Immer dann, wenn sie ausschert, wenn sie eigene Wege für sich sucht, wirft man ihr Egoismus und Uneinsichtigkeit vor. Es sei doch nur recht und billig, was man von ihr fordere, sagt der FDJ-Sekretär, ob sie das denn nicht einsehe. Recht schon, antwortet Christa T. darauf, aber nicht billig. Das wiederum können die Dogmatiker um sie herum überhaupt nicht begreifen. Dass jemand von den anderen abweichen muss, um zu sich selber zu finden, *diesen langen, nicht enden wollenden Weg zu sich selbst* zu gehen, liegt außerhalb ihrer Vorstellung. Sie scheitert gerade daran, dass sie nicht so sein kann, wie die anderen sie haben wollen. So muss sie fremd bleiben unter jenen, die sie beanspruchen als eine der Ihren – und sie doch nicht ertragen.

Christa T.s Leben ist von ständiger Unruhe geprägt. Eine zehrende Sehnsucht brennt in ihr nach dem, was damals überall mit dem Begriff der Selbstverwirklichung benannt wurde. Das Unterwegssein als Lebensform. Sie will etwas erreichen, wofür die Bedingungen noch nicht bereit sind: das selbstbestimmte, nur nach moralischen Kriterien handelnde Individuum. Doch unter ihren Schülern sind einige, die roh und gemein handeln; das Brutale des Krieges, das die Welt ihrer frühen Kindheit berührt hatte, steckt noch in ihnen. Sie ist zu dünnhäutig, um das alles kompensieren zu können.

So beginnt Christa T. zu schreiben. Zuerst nur für sich selbst. Sie heiratet den Tierarzt Justus und hat mit ihm drei Töchter. Sie leben auf dem Land. Das schafft ihr eine gewisse Unabhängigkeit innerhalb der Gesellschaft. Die moralische Rigorosität aber bleibt eine latente Herausforderung für die junge Frau. Sie will ihren Anspruch nicht kleiner machen, ihren Traum nicht aufgeben. *Daß ich nur schreibend über die Dinge komme*, bekennt sie der Freundin. Es muss möglich sein, so hofft sie inständig, die Bedingungen zu schaffen, dass der Mensch zu sich selber findet. Ist die Gesellschaft mit der Idee vom Sozialismus nicht gerade dafür angetreten? Was sonst will sie erreichen, wenn nicht das? Der größte Schrecken wäre Christa T.s Befürchtung, schon endgültig festgelegt zu sein, bevor man noch richtig gelebt hat. Ein junger Mensch muss die Möglichkeit haben, den ihm gemäßen Platz im Leben erst zu suchen. Eine große soziale Utopie.

Dann erkrankt Christa T. an Leukämie. Noch ist diese heimtückische Krankheit unheilbar. Die Ich-Erzählerin besucht sie im Krankenhaus. In Gedanken gibt sie ihr noch mehr als eine Chance. *Ihr Lachen soll bleiben*, ihre Gier nach Leben. So wie Max Frisch in seinem Roman »Mein Name sei Gantenbein« seine Hauptfigur nicht ein für allemal festlegen lassen will, sondern ihr Variablen zur Verfügung stellt, Varianten und Möglichkeiten des Ausprobierens: Eine andere Rolle anprobieren wie Kleider – so auch die Erzählerin bei der todkranken Freundin. Sie möchte ihr die Räume zur Verfügung stellen, in denen sie sich erproben und das Ihre finden könnte: *Ich würde sie leben lassen.* Zu Christa T. gehört es, immer wieder aufzubrechen, nicht vorschnell angekommen und fertig zu sein. Ihr Ideal ist es, hinter sich zu lassen, was man zu gut kennt, *was keine Herausforderung mehr darstellt.* Den Radius ausschreiten, der einem Menschen auf Erden gegeben ist. Das wollte sie gern. Sie konnte es nicht mehr. Ihr Schreiben bleibt notwendig Fragment. Die Zeit ist eng bemessen, nicht jedoch die Vorstellung, was man daraus machen könnte – *mit anderen, für andere.*

Lesen und Schreiben

[…] »daß der erzählerische Raum vier Dimensionen hat; die drei fiktiven Koordinaten der erfundenen Figuren und die vierte, »wirkliche« des Erzählers. Das ist die Koordinate der Tiefe, der Zeitgenossenschaft, des unvermeidlichen Engagements […].

In diesem Essay kann man Christa Wolf förmlich beim Schreiben zusehen, kann ihr über die Schulter schauen und aus erster Hand erfahren, wie Prosa entsteht. Eine moderne Prosa, die die Person ihres Schöpfers nicht versteckt, nicht verleugnet. Die kenntlich macht, wer da schreibt. Denn mehr als alles, so heißt es einmal bei ihr, schätzen wir die Lust, *gekannt zu werden.*

Es sei, im frühen 19. Jahrhundert, Georg Büchners Entdeckung gewesen, dass *der erzählerische Raum vier Dimensionen hat.* Der Autor nämlich, so meint Christa Wolf, ist ein *wichtiger Mensch.* Von seiner Persönlichkeit hängt die Färbung der Prosa ab, er bestimmt nicht nur Intention und Tonlage, sondern die Reflexion einer ganzen erzählten Welt. Prosa wird, im Gegensatz zu vielem anderen, was entsteht, noch immer und für immer von Einzelnen geschrieben.

Christa Wolf ist eine noch junge Autorin, als sie 1968, im Umfeld des Romans »Nachdenken über Christa T.«, diesen Essay schreibt. Es ist ihr unabdingbar notwendig, sich über ihr ureigenes Ausdrucksmittel, die Prosa, im Klaren zu sein. Warum wird ein Autor zum Schreiben getrieben? Warum können sich manche hochsensiblen Menschen nur erklären, wenn sie schreiben? Oder malen, komponieren, gestalten? Ihre Hauptfigur Christa T. erklärt der Freundin in einem Brief ihr Dilemma, »daß ich nur schreibend über die Dinge komme«. Über welche Dinge? Kann es sein, dass jemand an seiner Wirklichkeit und seinen Konflikten zerbrechen würde, hätte er nicht die Möglichkeit, sie schreibend und erzählend jemandem mitzuteilen und sie sich so von der Seele zu schreiben? Und der Mensch, der solcherart schreiben muss, wovon ist er geprägt worden?

Die Frage treibt die Schriftstellerin um, wie aus Wirklichkeit Kunst wird. Welchen Anteil die Bücher, die sie einst gelesen hat, daran haben. Sie fordert den Leser auf, sie auf ein beängstigendes Gedankenexperiment zu begleiten: Was wäre, wenn ... Was wäre, würde man jede Spur auslöschen, die in frühen Jahren durch Literatur in ihrem Kopf angelegt wurde. Das Grundmuster von Gut und Böse, in den meisten Märchen unverrückbar festgeschrieben, wäre dem Kind vorenthalten geblieben. Die Vertreibung von Adam und Eva aus dem Paradies hätte niemals einen spontanen Protest ausgelöst. Hexen oder bösen Zauberern in Märchen- und Sagenbüchern wären nie die Augen ausgekratzt worden, und nie wäre man glücklich und unendlich erleichtert gewesen über die Rettung des Helden, der für eine gute und gerechte Sache kämpft. Die großen Liebesgeschichten der Weltliteratur hätten nicht die noch weiche und formbare Seele des

Mädchens erschüttert, das Schicksal von Anna Karenina, Julien Sorel oder Effi Briest sie nicht zu ehrlich geweinten Tränen gerührt. Grundüberzeugungen eines empfindenden Menschen wären nicht oder nicht rechtzeitig angelegt worden. Nicht auszudenken, was unterblieben wäre. Jeder Leser kann, wenn er seine Erinnerung befragt, für sich selber die Probe aufs Exempel machen.

In diesem Essay gestattet sich Christa Wolf, ermutigt durch ihren soeben fertiggestellten Roman »Nachdenken über Christa T.«, kühne Entwürfe und weit in die Zukunft hinein projizierte Definitionen dessen, was Prosa heute kann und soll: Sie formuliert ihre poetische Konzeption. Ein großer Ansatz. So versucht sie eine genaue Beschreibung dessen, was sie unter »phantastischer Genauigkeit« versteht: *Wahrheitsgetreu zu erfinden aufgrund eigener Erfahrung.* Das Vertrauen auf die eigene Erfahrung wird zur Grundbedingung für alle ihre Überlegungen zur Praxis des Schreibens. Immer wieder der Gedanke, der Autor, so banal es klingt, sei ein wichtiger Mensch. Von ihm und seiner Sichtweise hängt alles ab. In ihren Überlegungen schließt sie etwa an Brechts Konzept des epischen Theaters an und spricht von einer »epischen Prosa«, scheinbar ein Paradoxon, das aber doch etwas ganz bestimmtes meint: eine Gattung, die sich selbst als Instrument versteht. Ein Instrument des Arbeitens, um beim Schreiben immer weiter vorzudringen in die Realität hinein. Als Grundmethode moderner Prosa. Untermauert später mit ihrem Begriff der »subjektiven Authentizität«, wie sie ihn im Gespräch mit Hans Kaufmann (1974) in die Debatte werfen wird.

Wir, aus dem Vorteil heraus, das Lebenswerk der Christa Wolf überschauen zu können, sehen mit eigenen Augen, wie sich ihre Konzeption über die Jahrzehnte in Prosatexten umgesetzt hat. Konnte sie das verwirklichen, was ihr vorschwebte am Beginn ihres Schreibens, als sie die Wege bahnte, auf denen ihre Literatur sich bewegen würde? Hören wir, lesen wir, wie ihre Prosa es tatsächlich unternimmt, »auf Erkundung« zu gehen. In allen ihren großen Texten fällt genau dies ins Auge: Eine Erzählerstimme will erkunden, *auf Erkundung gehen,* wie etwas so geworden ist, wie es heute ist, oder, anders gesagt, wie ein Mensch zu dem geworden ist, der er heute ist. Die Menschen, die Verhältnisse, unter denen sie leben. So geschieht es Kassandra, der Seherin: Am Endpunkt ihres Lebens legt sie sich Rechenschaft ab, wie alles gerade so eingetroffen ist, was sie doch vorausgesehen hat. So lässt sich Medea nicht aufhalten, herauszufinden, wie die erschreckenden Zustände in Korinth zustande gekommen sind. So vor allem auch die Erzählerfigur in »Kindheitsmuster«, das Alter Ego der Schriftstellerin. Sie unternimmt eine Reise in die Stadt ihrer Kindheit, ihrer Herkunft und konfrontiert die Erinnerung mit der Wirklichkeit. Die Gegenwart in Bezug setzend zur Vergangenheit. Immer wieder wird Christa Wolf so vorgehen: Erfahrung und Erinnerung an der Wirklichkeit zu überprüfen, aber auf der eigenen Erfahrung bestehend, gewonnen aus der gelebten Praxis.

Sie ist eine Schriftstellerin, der daran gelegen ist, den Leser zu beteiligen, teilhaben zu lassen an den Wegen ihrer Gedanken, ihrer Erkundungen. Sie baut auf einen mündigen Leser. Und der intellektuelle Genuss erwächst bei dieser Art Prosa gerade daraus, dabei zu sein, wenn neue Einsichten entstehen. Wenn etwas zum ersten Mal auftaucht im Bewusstsein. Am Entstehen eines Gedankens beteiligt zu sein, ist eines der größten Abenteuer, das uns Literatur bereiten kann. Manche sprechen von essayistischer Prosa – ja, warum nicht. Essay, der

Versuch, die Form der erkundenden Gedankenarbeit. Davon ist Christa Wolf in ihrem Schreiben von Anfang an infiziert: Den Denk- und Erfahrungsprozess fast ungemildert, wie sie einmal sagt, im Arbeitsprozess selbst zur Sprache zu bringen. Ganz wörtlich genommen heißt das nichts anderes, als mit dem Instrument der Sprache zu formulieren, was man erkannt hat, mit Worten den Gedanken Gestalt werden zu lassen. So wie der Maler das, was sein Auge, auch sein inneres Auge, sieht, in ein für alle sichtbares Bild übersetzt. Es ist immer auch Selbsterkundung. Vom *unvermeidlichen Engagement* also spricht sie, das die Prosa brauche. Wieso unvermeidlich? Weil es sich sonst für sie nicht lohnen würde, Literatur zu schreiben.

Schreiben, für Christa Wolf ein Sich-Heranarbeiten an jene Grenzlinie, die das innerste Geheimnis um sich zieht und die zu verletzen Selbstzerstörung bedeuten würde. Diesen Gedanken äußert sie in ihrem Text »Begegnungen Third Street« (1995). Ganz kann und soll man diese Linie wohl nicht erreichen, doch sich ihr so weit wie möglich nähern, wäre das Ziel einer Prosa, wie die Schriftstellerin sie als ihr poetisches Credo formuliert hat.

Blickwechsel

... und ich höre wieder das feine Geräusch, mit dem der biedere Zug Wirklichkeit *aus den Schienen springt und in wilder Fahrt mitten in die dichteste, unglaublichste Unwirklichkeit rast, so daß mich ein Lachen stößt, dessen Ungehörigkeit ich scharf empfinde.*

Ein Zitat von Büchner oder Kafka, könnte man glauben. Der biedere Zug Wirklichkeit springt aus den Schienen, springt gewissermaßen aus der Normalität in die Unwirklichkeit, die sich so keiner vorgestellt hat, die unglaubliche Unwirklichkeit. Das bedeutet nicht etwa, sie würde nicht zur Realität gehören, sondern nur, dass sie irreal erscheint, diese andere Welt. Ein Blickwechsel zwischen zwei Welten, zwei Sphären, einer bieder alltäglichen und einer der reinen Einbildungskraft. In der Kunst erst wird es augenscheinlich, wie sehr sie zusammengehören.

1970 entstanden, ist die Erzählung »Blickwechsel« eine Vorübung für den großen Roman, der bald folgen sollte: »Kindheitsmuster«. Hier ist es ein ganz bestimmtes Datum, um das es geht: der 5. Mai 1945, die Tage um das Ende Hitlerdeutschlands. Eine Zeit krasser, abrupter Übergänge, wie sie einschneidender nicht vorstellbar sind. Das sich erinnernde Ich war damals ein sechzehnjähriges Mädchen, das mit Mutter, Bruder und Großeltern aus der Heimatstadt Landsberg im Flüchtlingstreck aufgebrochen war – westwärts, über die Oder, fort vor der herannahenden Front und den Russen. Da steht also ein junges Mädchen auf einer Landstraße mitten im untergehenden Deutschland, stemmt sich schiebend gegen einen Wagen und wird von einem zwanghaften Lachen geschüttelt. Eine paradoxe Situation. Das Mädchen ist in einem Alter, in dem man alles vom Leben erwartet. Was aber wird es tatsächlich bringen?

Der Blickwechsel, von dem der Text spricht, ist zuallererst einer zwischen außen und innen, zwischen einem Teil des Ichs, das erlebt, und dem anderen, das sich gleichzeitig auf eine merkwürdig verfremdende Weise beobachtet. Eigentlich sieht man sich selber nicht, »wenn man in sich drinsteckt«. Das Mädchen aber sieht sich und die anderen gleichzeitig von außen, wie sie da alle mit ihren wenigen geretteten Habseligkeiten, auf Ochsenkarren geladen, über die Landstraßen ziehen – als habe ihr jemand befohlen, alles genau zu registrieren: »Sieh hin!« So kann sich die Erzählerin, fünfundzwanzig Jahre später, mit einer erstaunlichen Hellsichtigkeit an vieles erinnern, was normalerweise unter dem Druck der aufwühlenden Erlebnisse aus dem Gedächtnis geschwunden sein müsste. Sie sieht ihren ersten Toten aus der Nähe, denn der Flüchtlingszug wird von amerikanischen Tieffliegern beschossen. Die Menschen sind von nackter Todesangst besetzt. Wenn dann ein Lachen das Mädchen stößt, *dessen Ungehörigkeit ich scharf empfinde,* inmitten der Katastrophe, so zeugt genau dies von einer völlig fremden Situation: Es ist alles verkehrt, suggerieren ihre Sinne. Sie muss lachen und kann nicht erklären, dass sie natürlich nicht über sich und die Ihren lacht. Wie kommt es, dass sie in einer Lage, da man schreien könnte, lachen muss?

Alles war anders, erzählt der Text, als man es allgemein erwarten würde. Helden gibt es nicht, auf keiner der kriegführenden Seiten. Ja, nicht einmal ein wirkliches Ziel der Flucht gibt es. Wohin soll man denn? Der Satz »Hitler ist tot« wird unversehens wie ein Alltagssatz gesprochen, beiläufig, in einem Tonfall, der im scharfen Kontrast zu seinem Inhalt steht. Die Welt, in der sie bisher lebte, die sie kannte und überschauen konnte, ist aus den Fugen. Die obere und die untere Seite der Welt, so spürt sie, haben sich vertauscht. Wenn einen in einem solchen Moment ein Lachen stößt, so ist dies Ausdruck des ganz und gar Unangemessenen. Sie reagiert konträr zu allem Erwarteten. Das Paradoxon hilft überleben. Der Überdruck im Inneren schafft sich Luft. Etwas explodiert. Das ist die einzige Rettung, um nicht verrückt zu werden.

Als sie an einem kalten Januarmorgen die Heimatstadt verlassen muss, sagt eine mysteriöse Stimme in ihr: Das siehst du niemals wieder. Und während der Flucht träumt sie zum letzten Mal einen Kindheitstraum, der sich in so vielen Nächten immer wiederholt hatte. Nun ist auch das abgeschlossen. Was empfindet ein Mensch, der an einer Wegscheide seines Lebens steht? Wird ihm denn, wenn draußen alles drunter und drüber geht, wirklich bewusst, dass hier etwas unwiderruflich zu Ende geht? Hat man dieses Bewusstsein schon in dem Augenblick, während das alles gerade geschieht? Oder bedarf es nicht tatsächlich dieses anderen Blicks, der von außen auf das eigene Ich gerichtet ist? Dieses »Sieh hin!« Darum jener Blickwechsel, der Innenwelt und Außenwelt erst miteinander ins Verhältnis setzt. Und jenes Mädchen, an das sich die Erzählerin später erinnert, erlebt in diesen Tagen des Kriegsendes, wie der *biedere Zug Wirklichkeit* entgleist und mit rasendem Tempo, *in wilder Fahrt*, in die Unwirklichkeit überspringt. Hat sie sich befreit gefühlt, als die alliierten Soldaten plötzlich vor den Flüchtlingen stehen? Begrüßt sie die Sieger als die Erwarteten? Eher nicht. Noch schärfer jedoch wird der Kontrast empfunden, als die Flüchtlinge völlig unvorbereitet auf die KZler treffen. Den ausgemergelten Gestalten in ihren gestreiften Häftlingskleidern stehen sie beinahe noch fremder gegenüber. »Wie ein Gespenst« habe ihnen das Gerücht von der Existenz »der Oranienburger« im Nacken gesessen. Hier wird die Szene wieder ganz real. Der Treck der Flüchtlinge bewegt sich nordwestlich von Berlin, nördlich von Nauen, das KZ Oranienburg ist nicht weit. Man hätte gefasst sein müssen auf solche Begegnungen. Doch keiner ist es. Die Erzählerin, fünfundzwanzig Jahre danach, räumt mit dem Mythos auf, die deutsche Bevölkerung habe ja nichts gewusst. Die unsteten Blicke der Erwachsenen, das unwillkürliche Zurückweichen vor den zerstörten Gestalten mit den hohlen Augen, bezeugen von all dem das Gegenteil: »Wir wußten Bescheid.« Da trifft das Sprichwort auf seine wörtliche Bedeutung: Jemandem nicht in die Augen sehen können. Die Blicke weichen aus, man lässt sich nach Möglichkeit nichts anmerken und schaut weder einander noch den Fremden ins Gesicht. Das könnten vielleicht nur die Kinder. Die Szene, mit der die Erzählung »Blickwechsel« schließt, wird später im Roman »Kindheitsmuster« beinahe wörtlich wieder aufgenommen: Einer der KZ-Häftlinge sitzt am Abend mit der Familie des jungen Mädchens am wärmenden Feuer, eine zaghafte Unterhaltung bahnt sich an, es fällt das Wort »Kommunist«, als sei es ein ganz normales, ein Alltagswort, nicht belegt mit dem Tabu jahrelangen Verschweigens. Und der aus dem KZ befreite Mann stellt die Frage, die alles umkrempeln wird: »Wo habt ihr bloß all die Jahre gelebt?« Wie konnte es geschehen, dass ein ganzes Volk stillschweigend dem Befehl gehorchte, nichts zu fragen, nichts zu wissen, ja nicht einmal wissen zu wollen? Er begreift es nicht.

Im Jahr 1971 unternimmt Christa Wolf mit ihrer Familie eine kurze Reise in ihre Kindheitsstadt jenseits der Oder, die heute Gorzów Wielkopolski heißt. Sie konfrontiert die Erinnerungen mit der realen Anschauung, überprüft praktisch an Ort und Stelle, ob und wie die Vorstellungskraft der Realität standhält. Was gibt das Gedächtnis preis, was ist endgültig verloren, und wo täuscht das Erinnern falsche Tatsachen vor? Dazwischen aber, dessen ist sie sich bewusst, gibt es so viele Übergänge.

Die Schriftstellerin kann ganz reale, handfeste Geschichten schreiben – so wie es am Anfang ihrer Erzählung »Juninachmittag« heißt: *etwas Festes, Greifbares, wie ein Topf mit zwei Henkeln, zum Anfassen und zum Daraus-Trinken* –, aber sie steht auch mit dem Phantastischen und der *Unwirklichkeit* im Bunde. Solche Übergänge von der Wirklichkeit ins Phantastische machen ihr sogar einen Riesenspaß, sind sie doch die hohe Schule des Erzählens. Der Leser wird mitgenommen auf die imaginäre Reise des Autors zwischen den Welten, so wie Christa Wolf es in ihren drei »unwahrscheinlichen Geschichten« im Erzählungsband »Unter den Linden« ausprobieren wird.

Unter den Linden

Ach, mein Lieber, sagte ich. Ich kann die Liebe nicht vertagen. Nicht auf ein neues Jahrhundert. Nicht auf das nächste Jahr. Um keinen einzigen Tag.

Der Traum treibt sie die Straße entlang, jene legendäre Prachtstraße Unter den Linden in Berlin, auf der so viel deutsche Geschichte sich abspielte, auf der so viele Berühmtheiten spazieren gingen, deren Gebäude mit den Epochen gewachsen und vernichtet worden sind. Da ist der Brunnen im Innenhof der Staatsbibliothek mit seinen grünen Kacheln vor efeubewachsenen alten Mauern. Seine grünschimmernde Kühle wirkt tröstlich. Dort fühlt sie sich wohl. Anders die gemauerte Ziegelwand vor dem Brandenburger Tor, sowjetische Botschaft, die neuen Geschäfte entlang der Allee. Da sind die noch jungen, nach dem Krieg wieder angepflanzten Lindenbäume, an deren Stamm sich die Ich-Erzählerin lehnen kann, wenn sie des Anlehnens bedarf. Da ist das Antiquariat an der Ecke vor der Komischen Oper, in dessen Schaufenstern schöne alte Ausgaben einen Anflug von Geschichtlichkeit verbreiten. Die Straße ist ein breites Band, das sich quer

durch Berlins Zentrum zieht, schnurgerade eine Ost-West-Achse bildet. Unter den Linden, ein Synonym geradezu für die Stadt Berlin.

1969, als die Erzählung entsteht, lebt Christa Wolf seit einigen Jahren in der Nähe von Berlin. Es ist ihr vierzigstes Jahr – Mitte des Lebens, Gelegenheit für eine erste Bilanz. Ganz in der Nähe, in der Friedrichstraße, hatte sie als junge Germanistin ihre erste Arbeitsstelle im Schriftstellerverband. Berlin ist ihr beinahe so vertraut wie eine Heimatstadt. Auch wenn gerade diese Stadt, wie im Roman »Der geteilte Himmel« deutlich wird, als Metapher für die deutsche Teilung steht. Der Himmel über der Stadt teilt sich zuallererst. Die Erzählung ist Titelgeschichte des 1974 erscheinenden Bandes mit dem Untertitel »Drei unwahrscheinliche Geschichten«.

Eine Traumgeschichte, in der eine Frau die Straße durchmisst, um am Ende sich selber zu begegnen, erwartet oder nicht, herbeigesehnt in jedem Fall. Die Ich-Erzählerin kann sich einem Menschen mitteilen, einem Du, das ihr nötig ist, um sich selber über ihr Traum-Erleben klar zu werden. Ein ungeheures Gefühl der Erleichterung darüber stellt sich ein, dass sie jemanden hat, dem sie erzählen kann, mit dem sie ihre Traumerfahrung teilen kann. Denn wie schwer wiegt es, wie zieht es wie mit Bleigewichten an uns, wenn man kein Gegenüber hat, niemanden, bei dem man sich von der Seele reden kann, was so schwer bedrückt.

Unter den Linden, sagt die Ich-Erzählerin, sei sie immer gerne gegangen, am liebsten, so gesteht sie, allein. Wenn man sich hineingehört hat in den Ton der Erzählung, spürt man eine ungewisse Wehmut. Es bleibt in der Schwebe, was eigentlich sie so traurig macht. Etwas scheint verloren gegangen zu sein, das mit der Jugend, dem Überschwang der frühen Jahre zu tun hatte, mit der Studentenzeit, mit Liebe und Freundschaft, zu denen man einst bedingungslos bereit war. Man hört Verletzungen heraus, Desillusionierungen, eine leise Trauer. Durch die ganze Geschichte zieht sich die Erinnerung an ihren ehemaligen Freund Peter, der sie als Mensch tief enttäuscht hat. So sehr enttäuschen lässt man sich von einem anderen Menschen nur dann, wenn man fest vertraut hat. Und was da verloren gegangen ist, ist das Vertrauen in die Liebesfähigkeit des anderen.

Lieblosigkeit erkennt die Ich-Erzählerin als den Sündenfall ihrer Zeit. Es geht um die Erlebnisse eines Mädchens, Studentin bei ihrem Freund Peter, der berechnend und kühl bleibt, auf Gegenliebe soll man bei ihm nicht zählen. Auf ihn soll man nicht zählen. Wir, sagt die Ich-Erzählerin in ihrer Traum-Auseinandersetzung mit dem Mann und meint ein weibliches Wir, *können uns nur durch Liebe mit der Welt verbünden*. Lieben denn Frauen stärker, unbedingter, voraussetzungsloser als Männer? Sind sie verletzlicher durch das Ausbleiben der Liebe? Was ist es, was dieses unterschwellige Gefühl der Trauer im Gestus der Erzählung trägt? Ist es die Erfahrung, dass das ersehnte große Glück, die ideale Gemeinschaft mit dem, den man liebt, in den meisten Fällen ausbleibt, dass also die Erfüllung nicht eintritt?

Jahre zuvor war der Prosatext »Undine geht« von Ingeborg Bachmann erschienen. Fortan nahm man die berühmte österreichische Lyrikerin auch als Erzählerin wahr. Jene Undine ist das Sinnbild der Frau, die, enttäuscht und verletzt vom Liebesverrat des Mannes, zurückgeht ins Wasser, aus dem sie gekommen war, die sich in sich selbst zurückzieht, ein gebranntes Kind. Christa Wolf hatte Ingeborg Bachmanns Literatur kennengelernt, hat wohl in ihr die Gleichgesinnte erkannt. Ihre Erzählung »Unter den Linden« nimmt Motive der Undine-Erfahrung auf, auch wenn Ingeborg Bachmann sagt, Undine sei ja keine Frau, sondern – um mit Büchner zu reden – *die Kunst, ach die Kunst.* Auch ihre Undine konnte sich nur durch Liebe mit der Welt verbünden, sie sogar in einem ganz wörtlichen Sinne: Wenn die Liebe ausbleibt, wenn ihr die Liebe verweigert wird, muss sie die Welt verlassen. Wenn der Mann nicht bereit ist, sich selber rückhaltlos in die Partnerschaft einzubringen, ohne etwas aufzusparen, ohne einen Rest nur für sich zu behalten. Das Motiv der Romantik, das Undine verkörpert, grundiert auch die Erzählung. Es schwingt darin der Glaube, die starke Hoffnung, es müsse doch möglich sein, dass der Mensch ein Ganzes werde, Mann und Frau sich durch die Liebe zu einem Ganzen verbinden. Dass die auseinandergefallenen Teile wieder zusammenfinden, im einzelnen Individuum wie in der großen Welt.

In Ingeborg Bachmanns Prosazyklus »Todesarten«, der im Roman »Malina« kulminiert, gesteht die Frau dem Mann, den sie liebt, Ivan, ihre Liebe unverstellt und ohne Rückversicherung: Er, so erklärt sie ungefragt, könne sie heilen, nur er. Doch der Mann wehrt ab: Du musst mir nichts erklären! Gerade das will er nicht, dass sich ihm ein anderer Mensch vollkommen ausliefert, schutzlos das eigene Innere preisgebend. Christa Wolfs Figur ist diese Erfahrung nicht fremd. In der Haut der anderen, der jungen Studentin, hat sie sie begriffen.

Die Ich-Erzählerin läuft gern Unter den Linden, und zugleich fühlt sie sich getrieben. Ja, sie fühlt sich *bestellt,* beinahe wie vorgeladen. Das ist Ausdruck der Unsicherheit, in der sie sich bewegt. Denn sie weiß in ihrem Traum nicht, wer sie hierher bestellt hat, worauf alles hinauslaufen werde.

Sie geht und schaut den Passanten ins Gesicht. Sie überquert die Friedrichstraße, in der die Autorin selber jahrelang wohnen wird und in der einmal eine andere Ich-Erzählerfigur in Christa Wolfs Prosa ebenfalls einem Traum folgen wird: die weibliche Hauptfigur ihres Romans »Leibhaftig« (2002). Der nächtliche Flug der Frau zusammen mit ihrer Anästhesistin Kora führt sie im Traum über die Häuserzeilen jener Straße, die die Mitte Berlins wie eine Lebensader durchzieht. Er ist wie die Fortsetzung dieses Traum-Weges Unter den Linden, denn auch dort geht es darum, sich selber zu erkennen, sich zu finden, *wiederzufinden* und zu erkennen als die, die sie geworden ist. Wohin treiben uns Träume? Immer zu uns selbst. Tatsächlich? Oder besteht nicht die Gefahr, vom Wachzustand auszuweichen ins Erträumte? Nein, nicht hier. Die Erzählerin Christa Wolf vertraut den Träumen. Sie sind die Boten des Unterbewussten. Viele ihrer weiblichen Figuren haben gerade diese Erfahrung gemacht: Rita, Kassandra, Medea: Träume können leben helfen. Die Kunst arbeitet mit dem Traum als einer ihrer wichtigsten Quellen. In der Erzählung »Die Reisebegegnung« lässt Anna Seghers ihre Kunstfigur, den Dichter Kafka, sagen: Sobald die Wirklichkeit in Geträumtes übergehe, verstünden die Menschen nicht viel, »und Träume gehören zweifellos zur Wirklichkeit – wozu sollten sie denn gehören?« Ja, Träume sind ein Teil unserer Realität, unseres Selbst, der Suche nach dem Grund.

Eine ziehende Sehnsucht, wonach nur, wohin – ein Motiv der Romantik, wie es etwa in der Suche nach der *blauen Blume* in der Kunst Gestalt annahm. Solche literarischen Grundmuster wirken oft lange weiter, und gerade in den 70er Jahren war in der deutschen Gegenwartsliteratur eine starke Affinität zum romantischen Erbe lebendig. Da wurden Autoren wie E. T. A. Hoffmann, Jean Paul und die Droste wiederentdeckt, da beschäftigt sich auch Christa Wolf intensiv mit Dichtern wie Karoline von Günderrode, Bettine von Arnim, Heinrich von Kleist. Es ist der Kontext dieser Entstehungszeit, da auch die drei *unwahrscheinlichen* Geschichten geschrieben werden.

Je weiter ihr Traum die Frau führt, Unter den Linden entlang, desto mehr an Schwere, an Kummer und Bedrückung fällt von ihr ab. Auf einmal läuft ihr eine junge Frau entgegen, die schön ist und von heiterer Leichtigkeit. Dieser Frau würde immer alles gelingen, so ihr Eindruck. Neid erfasst die Ich-Erzählerin über diese andere, der scheinbar alles mühelos zur Verfügung steht, nach dem sie selber sich so sehr sehnt. Tränenüberströmt erwacht sie aus ihrem Traum – und auf einen Schlag begreift sie: *Das war ja ich.* Im Traum ist sie sich selbst begegnet, in der Tiefe eines Ortes, wohin unser Bewusstsein, unser Wissenwollen, sich selber oft den Weg versperrt. Nur dann, wenn nichts mehr uns hindert, unbeschönigt zu sehen, können wir uns selbst erkennen. Plötzlich steht ihr mit traumhafter Leichtigkeit etwas zur Verfügung, um das sie im Alltag so schwer gerungen hatte: mit sich selber übereinzustimmen. Es ist eine Übereinstimmung im doppelten Sinne. Nun ist zu hoffen, sie könne diese wiedergewonnene Sicherheit mit sich nehmen in den Tag.

Am Ende füllt sie sich mit einer neuen, unerwarteten Freude. Sie geht wieder unter die Menschen. Sie ist wie erlöst. Und sie erwacht, hat einen, dem sie ihre Traumerkenntnis erzählen, mit dem sie das überwältigende Erlebnis teilen kann. Der Ausgang dieser Erzählung ist so von Erleichterung und Freude durchdrungen, wie nur selten eine Erzählung von

Christa Wolf endet. So ohne alles Bittere, lebensbejahend und erfrischend wie ein Gang am Morgen durch eine sommerhelle Allee.

Neue Lebensansichten eines Katers

Erwähnte ich schon, daß Frau Anita mich »Kater« nennt? Es ist ja nichts Falsches an dieser Anrede. Doch welcher Mensch ließe sich gerne mit »Mensch« anreden? Wenn man nun einmal einen eigenen Namen hat, in meinem Falle also »Max«, so irritiert es einen, wenn einem diese allerpersönlichste, das Individuum erst von der Gattung unterscheidende Benennung vorenthalten wird.

Der Kater, ein vernunftbegabtes Wesen? Wieso kann er sprechen, gar Geschichten erzählen? Katzen, jene eigenwilligen, schönen, selbstbewussten Tiere – immer haben sie etwas Undeutbares an sich, etwas in den schillernden Augen, was unsere Phantasie herausfordert. Nahezu zwangsläufig glaubt man, Katzen würden sich etwas denken. Ihre geschmeidigen Bewegungen, eine gewisse Autonomie, ihr Rückzug ganz auf sich selbst, ja ihre Unnahbarkeit zuweilen machen sie geradezu zur Projektionsfläche menschlicher Gedankenspiele. Sie suchen die Nähe des Menschen, und dann, meist unerwartet, verblüfft uns eine manchmal fast kränkende Zurückhaltung, ein Rühr-mich-nicht-an.

Ein ironischer Erzählton macht diese zweite der drei unwahrscheinlichen Geschichten zu einer außerordentlichen in Christa Wolfs Prosa. Satire ist sonst ihre Sache nicht. Doch in dieser Erzählung ist vieles anders. In zahlreichen Texten der Weltliteratur kommen Katzen als Spielfiguren an der Seite des Menschen vor. Natürlich fällt uns zuallererst E.T.A. Hoffmanns phantastische Geschichte »Lebens-Ansichten des Katers Murr« ein. Titel und Motto der Erzählung verweisen direkt darauf: Christa Wolf schreibt 1970 eine moderne Adaption, zeitgenössisch, ein bisschen futuristisch und sehr satirisch. Ein literarischer Spaß mit ernstem Unterton. Denn es geht um die geplante, aber eben doch nicht zu planende Zukunft des Menschengeschlechts. Nicht von ungefähr steht der Titel wohl auch in Analogie zu Ulrich Plenzdorfs Goethe-Adaption »Die neuen Leiden des jungen W.« (1973) – solcherart Bezüge innerhalb der Literatur liegen damals in der Luft.

Eine andere literarische Katzenfigur, die Christa Wolf damals allerdings noch gar nicht kennen konnte, ist Chat Chat Rouge, der Rothaarige, Katzenartige, eine fast liebevolle Inkarnation des Teufels. Als besonderes Kennzeichen zeigt dieses Wesen »in den blauen Augen winzige glitzernde Flämmchen von Lustigkeit«. Es handelt sich um eine sehr frühe Erzählung von Anna Seghers: »Die Legende von der Reue des Bischofs Jehan d'Aigremont von St. Anne in Rouen«, 1924 entstanden, doch erst 2003 aus dem Nachlass veröffentlicht. Eine ebenfalls phantastische Geschichte im Stil einer mittelalterlichen Heiligenlegende. Da verführt jener Chat Chat Rouge den Bischof Jehan, das zu tun, was ihm nicht einmal in seinen verborgensten Träumen eingefallen wäre. Und weithin berühmt wurde schließlich der Kater Behemoth in Michail Bulgakows Roman »Der Meister und Margarita«.

Solche Figuren, dem Menschen an die Seite gestellt und über ihn Entscheidungen fällend, sind stets geheimnisvoll, undurchschaubar und undurchdringlich in ihrem Wesen. Immer haftet ihnen etwas Teuflisches, Diabolisches an, das aber fast niemals gänzlich Böses bedeutet. Das Spielerische ist stets darin eingeschlossen, das Listige und Schalkhafte.

Unser Kater Max nun lebt in der Familie eines Wissenschaftlers in der DDR. Der ist Professor für Angewandte Psychologie und gerade dabei, ein System zu entwickeln, das dem Menschen absolutes Glück bescheren soll, gewissermaßen ferngesteuert. Der Kater schleicht durch die Buchseiten der Erzählung, genau so wie durch das Haus seines Professors, und treibt seinen Schabernack. Einen intellektuellen Schabernack, zugegeben. Denn er bringt die Karteikarten des Forschers so schön durcheinander, wie das Leben immer wieder durcheinanderbringt, was Systematiker zu ordnen und zu katalogisieren versuchen. Und es entsteht eine herrliche Persiflage eines allseits gesteuerten Gesellschaftssystems.

Die Satire funktioniert, weil die Voraussetzungen aller Beziehungen vertauscht und auf den Kopf gestellt werden. Der Kater lebt im Gehäuse der Menschen, aber in einer Welt für sich. Er versteht die Sprache der Menschen und beklagt die Unfähigkeit des Professors, die Sprache der Tiere zu verstehen. Max, der Ich-Erzähler der wunderbar skurrilen Geschichte, hält sich für klüger und weitblickender als menschliche Wissenschaftler, ja er selbst umgibt sich mit dem Nimbus eines Forschers. Lange hat er geübt, einen tiefsinnigen Gesichtsausdruck auf seine Züge des getigerten, beige-schwarz von Nase und Maul strahlenförmig gemusterten Katerantlitzes zu zaubern. Max liest wissenschaftliche und belletristische Bücher und sieht sich in direkter Linie verwandt mit seinem

»großen Vorfahren«, dem Kater Murr. Ja, wie dieser fühlt er sich berufen, sein innerstes Streben zu Papier zu bringen, seine geistreichen Erkenntnisse schriftlich niederzulegen. Geschult im Hause des Professors, wächst er nun weit über diesen hinaus: Er durchschaut ihn. Genau das macht ihn, das Tier, dem Menschen überlegen. »Mein Professor«, sagt er denn auch stets, so wie man sagen würde: meine Katze. Des Katers Verhältnis zu ihm, den er nicht mehr seinen »Herrn«, sondern »Wirt« nennt, ist gekennzeichnet von liebevoll-spöttischer Herablassung, wie man sie normalerweise zu einem possierlichen Haustier pflegt.

Die Autorin hat sichtlichen Spaß daran, Max die Szenerie im Haushalt des Professors R. W. Barzel ausmalen zu lassen, dessen Ehefrau ziemlich vernachlässigt an seiner Seite lebt und dessen halbwüchsige Tochter den Vater kaum wahrnimmt. Wie dieser elegante, geschmeidige Kater sich zwischen den Zimmern der Familienmitglieder bewegt, wie er sich schlafend stellt, wenn am Abend im ehelichen Bette die Frau zu ihrem Mann sagt, er solle doch »das Vieh« aus dem Zimmer schaffen, und dieser verständnislos entgegnet, der störe sie doch nun wirklich nicht. Das alles bietet, aus den scharfen Katzenaugen, wunderliche Einblicke in eine Welt des falschen Scheins und der zerbrochenen menschlichen Beziehungen. Je weiter der Professor sich verbeißt in sein makabres System, desto mehr geht sein Eheleben vor die Hunde. Da ist etwas gründlich schief gegangen, und nicht der Mensch, sondern das Tier begreift es.

»Kater sind geheimnisvoll« – so das Selbstbekenntnis des kleinen, größenwahnsinnigen Erzählers. Seine Abhängigkeit vom »Wirt«, in Dingen der Ernährung etwa, kompensiert Max mit einem Trick, der ihn aus aller Not befreit: Ist der

Professor nicht zu Hause, hat er freie Bahn und nimmt sich in dessen Arbeitszimmer die Freiheit, in die Forschungsergebnisse des Psychologen einzugreifen. Zwischen den Papieren auf dem Schreibtisch, wo Katzen sich nachgewiesenermaßen am wohlsten fühlen, feiert er fröhliche Urständ. Sein Professor nämlich ist der Erfinder von TOMEGL, eines Regelwerkes, das zum »Totalen Menschenglück« führen soll und sich dazu der Kybernetik bedient, obskuren Gesetzen und Regeln und nicht zuletzt der Hilfe eines Computers. Doch TOMEGL müsste Utopie bleiben, wenn sich der Mensch nicht endlich dazu bequemt, so zu werden, wie das Regelwerk ihn braucht. Mit seinen Institutsmitarbeitern forscht und tüftelt der Professor weiter am bahnbrechenden Werk. Ein imposantes Register aus Massen von Kästen voller Karteikarten harrt der Ein- und Zuordnung, und so entsteht schließlich SYMAGE, das »System der maximalen körperlichen und seelischen Gesundheit«, das den Menschen zum absoluten Glück auf Erden führen soll. Keine Tragödien mehr, keine unversöhnlichen Konflikte zwischen Menschen, das wäre das angestrebte Erfolgsgeheimnis von SYMAGE. Ein System der »rationellen Lebensführung«, aus dem alle Störgrößen eliminiert werden, die den Menschen abweichen lassen von der genormten Vorgabe und den Einzelnen erst zum Individuum machen. Die bornierten Wissenschaftler entwerfen das Bild des lenkungsbedürftigen Menschen. Subjektives Denken, Stolz, Eifersucht oder hundert andere Faktoren passen nicht hinein. Die Menschheit müsste, damit am Ende das pseudowissenschaftliche Register Recht behalten könnte, zu ihrem Glück gezwungen werden. Und es fällt keinem auf, dass doch gerade er selber zu keinem »Glück« gezwungen werden möchte, wie auch immer das von anderen für einen selbst definiert würde.

Der Umkehrungen nicht genug zwischen Mensch und Tier: Hier reagiert sogar der Computer menschlich, wo es die Herren Wissenschaftler nicht mehr können. PC HEINRICH, dem man paradoxerweise einen menschlichen Namen gibt und den man mit Begriffen aus der menschlichen Psyche füttert, auf dass er ihnen NM, den stromlinienförmigen »Normalmenschen«, konstruiere, antwortet seinen forschenden Herren desillusioniert und sehr persönlich: »So kommen wir nicht weiter. Ich bin traurig. Euer Heinrich.« Ein unmenschliches, groteskes System. So kann es nicht funktionieren, dem Leben sei dank! Wie sagt Kater Max so treffend über die Anrede im Haushalt seiner »Wirt«-Familie: Wenn einem diese allerpersönlichste, das Individuum erst von der Gattung unterscheidende Benennung, ein eigener Name nämlich, vorenthalten wird, wie schlecht muss es dann bestellt sein um die persönliche Freiheit, die jedem einzelnen zugestanden wird. Arme Menschen!

Max, zuerst nur aus Versehen, weil vom Professor beim Stöbern in dessen Arbeitszimmer überrascht, bringt die Kärtchen dann systematisch durcheinander, dabei neue Zusammenhänge stiftend und unerwartete Konstellationen hervorrufend. Das also ist der Beitrag von Kater Max zur Forschung: die Herbeiführung schöpferischer Zufälle. Ein Geniestreich des Spielerischen, des wahrhaft Kreativen.

Eine wunderbare Persiflage Christa Wolfs auf das in den sechziger Jahren so hoffnungsvolle wie bornierte Setzen auf kybernetische Systeme. Nichts sollte den Menschen aufhalten auf seinem Höhenflug in eine harmonische Zukunft. Solcherart wirklichkeitsfremdes Systemdenken kann man auch als eine Resonanz auf eine literarische Figur wie Christa T. lesen, die sich nicht anpassen konnte an die tönernen Normen und falschen, weil einengenden Erwartungen – bei Strafe ihres Untergangs. Da hatte die Autorin die schmerzenden Erfahrungen bei der offiziellen Rezeption ihres Romans in der DDR gerade hinter sich, die sie schwer belastet haben. Mit dieser satirischen Erzählung schreibt sie sich in gewisser Weise wieder frei, schreibt sich mit dem von ihr selten gebrauchten Mittel von Hohn und Spott die Seele gesund. Das spielerische Naturell der Katze bewirkt, dass am Ende der bittere Geschmack im Munde doch wieder ein wenig abgemildert und uns ein menschliches Lächeln entlockt wird – etwas übrigens, was Kater Max bei seinen »Wirten« vermisst und das lediglich bei der jungen Tochter des Hauses zuweilen noch vorhanden ist. Doch auch dieser schelmische und so kluge Protagonist muss schließlich scheitern: Er erliegt der ebenso heimtückischen wie banalen Katzenseuche und kann seine Aufzeichnungen zum Besten des Individuums nicht beenden.

Selbstversuch
Traktat zu einem Protokoll

Nun, Anders, wie fühlen Sie sich? […]
Gelassen, der Wahrheit gemäß, gab ich Auskunft: Wie im Kino.
Da rutschte Ihnen, zum erstenmal, seit ich Sie kenne, etwas heraus, was Sie nicht hatten sagen wollen: Sie auch? […]
Sie wurden bleich. Und ich hatte mit einem Schlag begriffen. Immer ist es ein Gebrechen, das man so sorgfältig versteckt. Ihre kunstvoll aufgebauten Regelsysteme, Ihre heillose Arbeitswut, all Ihre Manöver, sich zu entziehen, waren nichts als der Versuch, sich vor der Entdeckung abzusichern: Daß Sie nicht lieben können und es wissen.

Eine irre Geschichte: Da will eine junge Frau, 33 Jahre alt und Wissenschaftlerin, ganz unbedingt, dass der Professor sie auswählt für sein großes Experiment. Und als sie es geschafft hat, als sie wirklich und erfolgreich in einen Mann verwandelt ist, hat sie nichts Eiligeres zu tun, als das Experiment abzubrechen und wieder eine Frau zu werden. Paradox – oder doch verständlich?

Die Erzählung, die dritte der *unwahrscheinlichen Geschichten* im Zyklus »Unter den Linden«, spielt im Jahr 1992 – eine utopische Geschichte also. Die junge Frau ist Mitarbeiterin im Institut für Humanhormonetik, Doktor der Physiopsychologie und Leiterin der Arbeitsgruppe GU, was »Geschlechtsumwandlung« bedeutet. Eine Geschlechtertauschgeschichte also. Christa Wolf hatte sie für den Band »Blitz aus heiterm Himmel« geschrieben, eine Anthologie (1974), an der sich verschiedene Autoren beiderlei Geschlechts beteiligten, u. a. Irmtraud Morgner, Günter de Bruyn und Sarah Kirsch, deren Geschichte »Blitz aus heiterm Himmel« der ganzen Sammlung ihren Titel gab.

Als Mann trägt die Hauptfigur den Namen Anders, während sie als Frau namenlos bleibt. Das große Experiment startet nach vielen Testreihen und Tierversuchen, und zum ersten Mal nun wird es am Menschen vorgenommen. Die Versuchsperson erwacht nach zwei Tagen, nachdem ihr zehn Injektionen des Wundermittels Petersein masculinum 199 verabreicht worden sind, äußerlich vollkommen verwandelt in einen jungen Mann. Das Präparat wirkt ausgezeichnet und hat keine unerwünschten Nebenwirkungen. Die Männerkleidung, die für Anders bereitliegt, passt; die primären und sekundären Geschlechtsmerkmale waren glänzend vorausberechnet; er sieht gut aus als Mann – Frauen werden sich auf der Straße nach ihm umdrehen. Das alles wird ordnungsgemäß protokolliert: Die Versuchsanordnung ist präzise, die Rahmenbedingungen des Experiments sind stimmig, alles ist perfekt vorbereitet. Nur eines hatte der Chef nicht einkalkuliert: Dass die Versuchsperson dennoch denkt und fühlt wie eine Frau. Er will es nicht wissen.

Natürlich wird sie nicht wirklich zum Mann, denn erstaunlicherweise empfindet sie weiterhin wie eine Frau. Was sie niemandem anvertraut: Sie fühlt, dass die Frau, die sie gewesen ist, »wie eine Katze zusammengerollt« in ihr schlief. Da ist sie wieder, die Katze, die schon in der Geschichte von den neuen Lebensansichten eines Katers eine so frappierende Rolle spielt: die Katze, das vernunftbegabte Wesen, vielleicht eine Inkarnation der tief in uns verborgenen Sinnlichkeit. Zusammengerollt, das heißt ja, sie nimmt sich vorläufig zurück, bleibt still im Hintergrund. Aber sie ist da. Das weibliche Empfinden ist nicht zerstört, nur tief nach Innen zurückgezogen: eingekapselt, aber doch abrufbar.

Spannend der Verlauf des Versuchs: Wie wirkt die Verwandelte auf andere Menschen, wie auf ihre Kollegen vom Institut, auf ihre Freundinnen? Was aber vor allem fühlt jener Anders selber? Die Befragung läuft ab. Manches, was die Frau als schön und anziehend empfunden hat, erscheint ihm auf einmal lächerlich, ja falsch. Wie könnte er zum Beispiel einen als seinen früheren Lieblingslehrer benennen, dessen Wirkung im Unterricht darauf abzielte, den Mädchen zu imponieren. Das Lächeln, das sie als Frau hatte, ist noch in ihr, sie hat es nicht abgelegt mit ihren Frauenkleidern. Und doch lässt es sich nicht mehr so unverkrampft auf dem Gesicht hervorrufen. Die Kleider, die äußere Hülle, verändern den Menschen. Er wird von außen als ein Anderer wahrgenommen. Aber in seinem Inneren bleibt er doch derselbe. Eine alte Weisheit: Kleider machen Leute. Ja sicher, mit anderen Kleidern verändert sich auch das Auftreten, vielleicht sogar das Selbstwertgefühl eines Menschen. Bis zu einem gewissen Grad bestimmt ein Herrenanzug mit einemmal das männliche Auftreten, auch einer Frau gegenüber, in deren Augen er ein akzeptabler Mann ist. Und doch: Das Weibliche schläft, *zusammengerollt wie eine Katze*, noch in ihr. Da steht er im Fahrstuhl mit einer jungen Frau, die Anders anhimmelt. Und schon schiebt sich ihr »weiblich-spöttischer Gedanke« aus dem Hintergrund nach vorn: Sieh mal an, es funktioniert! *Er* und *sie* lassen sich nicht säuberlich trennen.

Der Professor hatte möglicherweise mit mancherlei Problemen oder Störungen des Versuchsablaufs gerechnet – damit nicht. Kann denn ein Mensch sein Individuellstes einfach vertauschen, seine Empfindungsskala, sein Gefühlsleben, sein weibliches Ich? Das äußere Erscheinungsbild lässt sich mit mancherlei Tricks wohl verändern, mit Kleidern oder medizinischen Präparaten. Aber die Seele eines Menschen? Sie ist doch durch eine chemische Manipulation nicht einfach umzukrempeln und aus der Welt zu schaffen. Ein böses Experiment, durch chemische Einwirkung die Weiblichkeit abzuschaffen.

Als Studentin bereits hatte die Ich-Figur sich ganz stark gewünscht, eines Tages, in zehn Jahren vielleicht, möge der berühmte Professor gerade sie und nur sie auswählen, wenn es um das große Experiment geht. »ICH!«, hatte sie auf einen Zettel notiert und ihrem Kommilitonen zugeschoben, als der Professor in der Vorlesung darüber spekulierte, dass vielleicht unter ihnen derjenige oder diejenige säße, die in absehbarer Zukunft an jenem ersten Versuch am Menschen teilnehmen würde. Sie ist besessen davon, der Professor werde genau sie brauchen. Und später am Institut, als seine Assistentin, setzt sie alles daran, seinen Anforderungen zu entsprechen, würdig zu werden seiner Wahl. Sie wird auf Mann und Kind verzichten, denn das würde sie nur von der gewaltigen wissenschaftlichen Aufgabe ablenken. Irgendwann erkennt sie, wie sie sich immer stärker von den Erwartungen des Mannes lenken, von außen bestimmen lässt. Ihr ganzes Streben ist darauf gestellt, ihren Wert als Frau zu beweisen, indem sie arbeitet, denkt, funktioniert wie ein Mann. Niemals hätte sie jemandem anvertraut, dass sie den Professor insgeheim liebt. Nicht einmal vor sich selber hätte sie es eingestanden. Jedes Opfer ist sie zu bringen bereit, damit er sie erkennt – im wörtlichen wie im biblischen Sinn.

Zu werden wie ein Mann, war das nicht in den frühen Jahren des Kampfes um die »Gleichberechtigung der Frau« der Slogan, der alles in sich aufnahm, was als Perspektive zu winken schien: Die gleichen Berufe wie ein Mann; gleiche Herausforderungen und Leistungen; gleiches Geld für gleiche Arbeit; die gleiche Anerkennung wie ein Mann. Ursprünglich schien das erstrebenswert und gut. Aber dahinter stand doch ein schrecklicher Gedanke: Frauen sollten sich immer mehr den Männern angleichen, die weiblichen Störgrößen abstellen. Das hätte ja auch bedeutet: ihre Weichheit, ihre Liebesfähigkeit, ihre Weiblichkeit aufzugeben. Eine richtige feministische Geschichte aus der frauenbewegten Zeit, die Christa Wolf da 1972 geschrieben hat. Darin war sie mit mancher ihrer engsten Freundinnen unter den Schriftstellerinnen verbunden: Maxie Wander, die mit den Frauenporträts »Guten Morgen, du Schöne« ein wunderbar neues weibliches Selbstvertrauen sichtbar machte; Irmtraud Morgner, die damals ihre »Trobadora Beatriz« schrieb, einen Roman, der den Zyklus der Salman-Trilogie eröffnete.

Wie ergeht es nun unserem Anders weiter während der Tage seiner Verwandlung? Das erstaunlichste sind seine neuen Alltagserfahrungen als Mann: Plötzlich etwa reagieren andere Männer nicht mehr herablassend, wenn sein Auto mitten auf der Kreuzung stehen bleibt, sondern hilfsbereit. Man nimmt ihm ab, wenn er beim Ergänzungstest im Institut auf das Wort »Rot« nicht mit dem Komplementärbegriff »Liebe«, sondern »Wut« antwortet, auf »Kind« nicht mit »weich«, sondern »schmutzig«. Von seinem Zimmerfenster im Wohnturm des Wissenschaftsstädtchens kann er abends das erleuchtete Institutsfenster des Professors erkennen und ahnt, dass auch er herüberschaut zum neuen Dasein seines Geschöpfs. Es besteht gewissermaßen ein Blickkontakt, aber kein wie auch immer gearteter menschlicher Austausch zwischen beiden.

Anders erfüllt seine wissenschaftliche Aufgabe selbstverständlich: Sehr exakt protokolliert er den Verlauf des Geschehens, alle Tests, die mit ihm vorgenommen werden, alle Veränderungen, die er an sich beobachtet. Am 30. Tag aber bricht die Versuchsperson das Experiment ab, auf eigene Verantwortung. Nun verfasst die junge Frau ein »Traktat zu einem Protokoll«, das keiner von ihr verlangt hat. Was war geschehen? Das erste Zwiegespräch mit dem Professor findet ausgerechnet in seinem eigenen Haus statt. Anders, der junge Mann, der auf Frauen durchaus ansprechend wirkt, charmant und ein bisschen cool, hatte das Mädchen Anna kennengelernt, wird von ihr eines Abends in ihr Elternhaus eingeladen, und steht auf einmal dem eigenen Chef gegenüber. Das hatte man nicht erwartet. Es war keine Absicht, doch Anders kehrt auch nicht um, als ihm klar wird, dass Anna also die Tochter des Professors ist. Was nun? Da fällt jener Satz, als spontane Erwiderung des Professors auf die Aussage von Anders, er fühle sich wie im Kino: *Sie auch?* Beide also fühlen sich wie in einem Film, der vor ihnen abrollt, ohne dass man selber in die Handlung eingreifen könnte. Das wirkliche Leben ist es nicht. Ein unvermutetes Eingeständnis. Es sitzt wie ein Hieb. Auf beiden Seiten. Nun können sie nicht mehr ausweichen, beide nicht. Ein wissenschaftliches Glanzstück war da gelungen, ja ein Wunder: Zum erstenmal die Geschlechtsumwandlung am Menschen. Eine Höchstleistung der Humanhormonetik – die doch am Ende nur einen psychischen Defekt zu verbergen hat: *Daß Sie nicht lieben können und es wissen.* Wieder, wie schon in der Erzählung »Unter den Linden«, geht es der Autorin um etwas sehr Irdisches und Diesseitiges: den Verlust der Liebesfähigkeit. Ohne sie wäre der Mensch verloren. Er würde gerade das einbüßen, was ihn zum Menschen macht. Oder, wie es metaphorisch in der Bibel heißt: »Wenn ich mit Menschen- und mit Engelszungen redete und hätte der Liebe nicht, so wäre ich ein tönend Erz oder eine klingende Schelle.«

Unter den Versuchsbedingungen wird ihr schlagartig klar, was sie nicht wahrhaben wollte, solange der Ehrgeiz sie antrieb: »Mann und Frau leben auf verschiedenen Planeten, Professor!« Und das gerade von einer Naturwissenschaftlerin? Widerspricht das nicht allem, was ihr Berufsleben bisher ausgemacht hat? Wofür dann all die Anstrengungen, die enormen Leistungen, die Opfer? Ja, mag sie sich sagen, aber nicht um den Preis der Selbstaufgabe! Und ausgerechnet sie, die exakte Forscherin, verspürt plötzlich eine diffuse Sehnsucht nach den Ungereimtheiten der weiblichen Psyche – also nach dem, was in keiner Messtabelle Platz hat, was in jedem Versuchsprotokoll als Störfaktor auszuweisen wäre.

Die junge Wissenschaftlerin bricht ihr Experiment ab, als sie begreifen muss, dass dieser Mann, ihr verehrter Professor, sich hinter seiner männlichen Maske verbirgt: Dieses »Immer-auf-alles-gefaßt-Sein«, sein angenommenes Recht, sich selber draußen zu halten. Er hält sich an die von ihm aufgestellte Regel, niemals aus der Rolle zu fallen, und verlangt genau das auch von anderen. Nie lässt er einen anderen Menschen nah an sich heran, nicht seine Ehefrau, nicht seine Tochter, schon gar nicht sie, die Versuchsperson. Sich zu zeigen, wie man wirklich ist, gehört nicht zu den Spielregeln: Es gehört sich nicht. Aber da will sie nicht mehr mitmachen. Zu schmerzlich vermisst sie bereits die Worte, die ihr als Frau mit Selbstverständlichkeit zur Verfügung standen, nun aber, in der männlichen Rolle, nicht mehr vertretbar scheinen: Worte des offenen Empfindens, des Mitgefühls, des inneren Beteiligtseins. Sie begreift auch, dass ihr mit den weiblichen Worten ihr Lächeln abhanden zu kommen droht.

Im Grunde fühlt sie sich plötzlich um ihr Frausein betrogen. Und dabei wollte sie es unbedingt, die Teilnahme am großen Versuch, die Verwandlung in einen Mann – die Erkenntnis. Die »Schöpfung« wird versucht. Genau das wird ihr zum Fluch. Später im Werk von Christa Wolf wird die Figur der Kassandra auch solch ein Unbedingtes verspüren: Sie *wollte die Sehergabe unbedingt*. Und als sie die von einem Gott verliehen bekommt, ist sie geschlagen.

Am Ende steht ein *Selbstversuch*. Nicht mehr das, was ein anderer, der Professor, mit ihr macht, steht auf dem Programm, sondern allein das, was sie selber, die Ich-Figur, vorhat: ihr Versuch zu lieben. Sie ist glücklich, wieder eine Frau zu sein. Die Frau wird ihre Fähigkeit zu lieben nicht hergeben, um keinen Preis – auch nicht den der höchsten wissenschaftlichen Reputation. Ihre Sehnsucht nach dem Mann, den sie lieben kann, wird stärker sein als aller Forscherehrgeiz.

Max Frisch, beim Wiederlesen oder: Vom Schreiben in Ich-Form

Ist nicht zu vermuten, daß ein Mann, *der andauernd die* Geschichte seiner Erfahrung sucht, *eines Tages vor seiner unverhohlenen eigenen Geschichte stehen muß; daß noch einmal alles offen sein wird; daß er seine Legitimation, über die er verfügt wie ganz am Anfang, nun daran prüfen wird, wie er diese Aufgabe, die Geschichte der eigenen Erfahrung, bewältigt?*

Im Mai 1968 waren sie einander erstmals begegnet, Christa Wolf und Max Frisch. Er, aus der Schweiz angereist, sie, die Schriftstellerin aus der DDR, treffen sie auf einem Wolga-Schiff, der »Gogol«, aufeinander. Der sowjetische Schriftstellerverband hatte internationale Autoren eingeladen. Ganze Nächte hindurch diskutieren sie miteinander. Man spürt die Affinität zueinander, wenngleich die Positionen von verschiedenen Ufern aus formuliert werden. Dennoch, beide erkennen schnell, dass man sich an denselben Fragen abarbeitet. Nun, einige Jahre später, 1975, denkt sie öffentlich über ihn und seine Prosa nach.

Die erste Begegnung 1968 ist folgenreich, denn bis zum Tod von Max Frisch 1991 wird man sich nicht mehr aus den

Augen verlieren. Auch Christa Wolf bevorzugt das Schreiben in Ich-Form. Max Frischs Prosa muss ihr in ihrer Problematik verwandt erschienen sein, obwohl beide in entgegengesetzten Gesellschaften leben. Hatte sie nicht gerade in ihren Roman »Nachdenken über Christa T.« etwas durchexerziert, was auch den Figuren des Schweizers zum Existenzproblem wurde: Der Autor Max Frisch formuliert in seinem »Tagebuch 1946–1949«, er schreibe, weil ihm *Schreiben noch eher gelingt als Leben.* Christa Wolfs literarische Figur Christa T. bekennt, dass sie *nur schreibend über die Dinge komme.* Es ist derselbe Impuls, derselbe Rettungsversuch. Schreiben als Mittel, das Leben zu durchschauen, zu begreifen, was uns hindert zu leben. Ein Phänomen des modernen, reflektierenden Individuums. Die Entfremdung, die das Ich fühlt, hat durchaus unterschiedliche Ursachen. Beide Schriftsteller aber schreiben sich von verschiedenen Seiten an dasselbe Resultat heran.

Es gibt starke verbindende Eigenschaften der Figuren beider Autoren. Kürmann, Hauptfigur in Frischs »Biografie. Ein Spiel«, der feststellen muss, dass alle Möglichkeiten, Handlungsabläufe in seinem Leben zurückzudrehen und alles noch einmal von vorn zu beginnen, immer wieder zum selben Resultat führen würden. »Doch er lebt fragend, also nicht ohne Zuversicht«, meint Christa Wolf. Sie erkennt in Frischs literarischen Mustern das eigene innere Anliegen wieder, mit Hilfe der Literatur hinter die Dinge zu kommen, schreibend, und das heißt fragend, in die Zusammenhänge einzudringen. Gerade daraus erwächst die Zuversicht, das Leben dennoch zu bestehen.

Jeder Schriftsteller, der so verfährt, wird eines Tages, so glaubt Christa Wolf, *vor seiner unverhohlenen eigenen Geschichte stehen.* Genau das will sie ja mit ihrem Schreiben erreichen. Sie unternimmt es mit »Kindheitsmuster«, mit »Sommerstück«, mit »Leibhaftig«, mit jedem ihrer Texte. Und sie nennt es für sich selbst: subjektive Authentizität. Oder, mit Büchner, die Erkenntnis, dass der erzählerische Raum vier Dimensionen hat, die drei fiktiven Koordinaten des Erfundenen und die vierte, *wirkliche* des Erzählers. Rücksichtslos die Selbst-Täuschungen zu durchstoßen, wird als Ziel dieses Schreibens erkannt. Die Grenzen dessen, was wir über uns selbst, was wir von uns selbst wissen, weiter hinauszuschieben. Ohne dieses Ziel käme ihr die Literatur sinnlos vor. Das eben verbindet sie mit Max Frisch.

Die literarischen Tagebücher Frischs faszinieren sie. Sie sind veritable Instrumente der Selbsterkenntnis, geeicht durch nichts als das eigene Gewissen, die Sehnsucht nach dem Begreifen des Ichs in der Welt. »Unser Anliegen, das eigentliche, läßt sich bestenfalls umschreiben, und das heißt ganz wörtlich: man schreibt darum herum. Man umstellt es. Man gibt Aussagen, die nie unser eigentliches Erlebnis enthalten, das unsagbar bleibt; sie können es nur umgrenzen, möglichst nahe und genau, und das Eigentliche, das Unsagbare, erschient bestenfalls als Spannung zwischen diesen Aussagen.« So notiert Frisch, wenn er in seinem Züricher Café de la Terrasse sitzt und den Zustand der Welt im Nachkriegseuropa bedenkt. Christa Wolf wird später, mit ganz ähnlichen Worten, ihr Schreibproblem formulieren.

Gleich nach dem Ende des Krieges, im »Tagebuch 1946–1949«, beginnt etwas, was den Autor dann Zeit seines Lebens nicht mehr los lassen wird: Er wehrt sich gegen das *stillschweigende Übereinkommen mit den gegebenen Verhältnissen*, gegen eine gewisse Resignation, der Einzelne könne ja doch nichts gegen die Verhältnisse tun, in denen er lebt. Kann er das wirklich nicht, fragen beide Schriftsteller in ihrer Prosa immer wieder. Die Antworten auf diese Frage bringen große Literatur hervor, Frischs Dramen, Romane, Novellen, Essays, Filmszenarien. Was Max Frisch tut, um sich mit seinen Figuren dagegen aufzulehnen, bringt Christa Wolf auf den Punkt: »Gegenbilder aufstellen gegen die ungeheuerlichen Deformationen von Menschen in dieser Zeit.« Wie geschieht das beispielsweise in seinem Roman »Mein Name sei Gantenbein« (1964)? Ein genialer Einfall: Ein Mann hat eine Erfahrung gemacht. Nun sucht er die Geschichte seiner Erfahrung.

Max Frisch begreift, ohne *unverhohlen* sein Ich einzusetzen, wird er diese Erfahrung nicht bannen – und das bedeutet auch: in eine Geschichte formen – können. Christa Wolf könnte ihm, wenn sie wollte, durchaus ihren Begriff der subjektiven Authentizität dafür leihen. Das Spielerische, das der männlichen Hauptfigur im »Gantenbein«-Roman als Möglichkeit zur Verfügung steht, ist das Handwerkszeug auch des Dramatikers Frisch: »Ich stelle mir vor«, also Rollenspiel, das Hineinschlüpfen in verschiedene Figuren, Rollen, Identitäten. Ein Stück Theaterspiel. Drei Rollen probiert er aus, probiert er an, wie man Kleider anprobiert: Welche davon würde ihm am besten passen; anders gefragt: welche könnte ihm die Geschichte seiner Erfahrung am plausibelsten liefern? Drei Varianten eines Männerlebens: Enderlin, Svoboda oder Gantenbein, der sich blind stellt, indem er nach einem Autounfall vorgibt, nicht mehr sehen zu können. Drei Rollen, drei Männer mit ihren Verhaltensweisen, ihrer Beziehung zum eigenen Ich, ihrem Umgang mit Frauen. Männer in einer unüberbrückbaren Fremdheit zum Nächsten, in ihrer Unfähigkeit zu lieben und sich lieben zu lassen – etwas, das

Christa Wolf einmal als die Grundsünde unserer modernen Zeit bezeichnet hat. Gerade dies ist Max Frischs Credo: Du sollst dir kein Bildnis machen – von einem Menschen, den du liebst. Ihn nicht festlegen ein für allemal: So ist er, so und nicht anders. Das wäre lieblos im höchsten Maße. Sollst ihm, im Gegenteil, den Freiraum lassen, sich zu entwickeln, sich zu zeigen in der Vielfalt seiner Individualität – und ihm damit vielleicht erst ermöglichen, das Beste aus seiner Persönlichkeit an den Tag zu bringen. Ein Plädoyer gegen Lieblosigkeit.

Nicht drei, sondern vier Männerfiguren bevölkern also diesen Roman. Die vierte, namenlose ist jene, die fortwährend auf der Suche nach der Geschichte zu ihrer Erfahrung ist. Am Ende ist von einem Toten im Fluss die Rede, der sich an einem Brückenpfeiler verfangen hatte und also nicht mehr weiterkam. Gantenbein, als Zeuge der schwierigen Bergungsaktion durch die Polizei, erzählt später: »Dabei hätte er's beinah erreicht«. Und als die Zuhörerin fragt: »Was erreicht?«, antwortet Gantenbein: »Abzuschwimmen ohne Geschichte.« Sich also davonzustehlen ohne festgestellte Identität.

Ein großartiger Erzähler, der die drei Rollengeschichten seiner erfundenen Figuren schließlich auf diese Art zusammenlaufen lässt: »Alles ist wie nicht geschehen ...« Es war ja nur ein Gedankenexperiment, auch wenn der Leser das während der Lektüre des Romans zuweilen vergessen konnte. Frisch lässt alles im Konjunktiv. Er erlaubt seiner Hauptfigur gewissermaßen, verschiedene Versuche zu unternehmen, Rollenvarianten auszuprobieren: Sein Name *sei* Gantenbein, Enderlin, Svoboda. Er darf sich vorstellen, wie es möglicherweise gewesen *wäre*, wenn er in diese oder jene Rolle hineinschlüpfen *würde*. Welche Lebensgeschichte seiner Erfahrung am nächsten *käme*, wenn er ausprobieren *würde*, wie es sich in den verschiedenen Facetten leben *ließe*. Es ist dennoch und gerade deshalb ein Bekenntnis zu dem einen Leben, das wir haben als eine reale Chance. Die letzten Worte des Romans lauten: »Leben gefällt mir …«. Da ist die Erzählerfigur wieder angekommen im wirklichen, nicht in den vorgestellten Leben.

Die Selbst-Täuschungen zu durchstoßen, bemüht sich Max Frisch mit jeder seiner Geschichten. Im Roman »Stiller« (1954), der seinen Ruhm als Erzähler begründet, beginnt die Geschichte gleich im ersten Satz wie mit einem Paukenschlag: »Ich bin nicht Stiller.« Den ganzen großen Roman lang windet sich dieser Ich-Erzähler, seine Identität abzustreiten. Nein und nein – dieser Bildhauer Anatol Stiller hat sein Leben als verfehlt begriffen, er wandert aus seinem Land und aus seinem Leben aus und glaubt, seine Konflikte der Fremdheit gegenüber sich und der Welt lösen zu können, indem er seine alte Identität leugnet, sein altes Leben einfach abzustreifen versucht. Wenn es ihm auch eine Zeitlang zu glücken scheint, holt ihn schließlich dieses vergangene Leben doch wieder ein. Der, der er nicht hatte sein wollen, ist dennoch sein Selbst. Keiner kann ungestraft daraus fliehen. Beinahe, könnte man da mit Gantenbein sagen, hätte er es geschafft: abzuschwimmen ohne Geschichte. Aber nein, die Wirklichkeit lässt das nicht zu. Der Mensch hat sich seinem Leben, seiner Wirklichkeit zu stellen. Und nur, wenn er sich selber nicht mehr belügt oder sich etwas vormacht, wird er diese Selbst-Täuschungen durchbrechen können.

Christa Wolf sieht, wie der Autor sich mit seinem Erzählen immer näher an die Erkenntnis heranarbeitet, dass es nichts hilft, wenn man nicht der sein will, der man ist, und wenn man immer weiter vor der Wirklichkeit flieht. Auch sie selbst hat ähnliche Erfahrungen machen müssen und lässt sie *unverhohlen* ihre literarischen Figuren machen. Darin sind beide Autoren ganz Zeitgenossen ihrer Epoche.

Kindheitsmuster

Vielleicht zieht es dich nicht – sowenig wie jeden anderen – über Grenzen, hinter denen alle Harmlosigkeit aufhört. Es ist übrigens merkwürdig, wie eine einzelne Bauersfrau, die ihr weißes Kopftuch auf eine bestimmte Weise gebunden hat und eine Heuharke über der Schulter trägt, eine bekannte Gegend – es war die beiderseits von flachen Feldern gesäumte Landstraße hinter Górzyca (früher Gohritz) – in eine östliche Landschaft verwandelt, auf die du neugierig wirst.

Die Verwandlung in eine östliche Landschaft, eine Landschaft der Kindheit. Einer Kindheit in Landsberg an der Warthe, einer mittleren deutschen Stadt, die seit dem Ende des Zweiten Weltkriegs Gorzów Wielkopolski heißt. Die Erzählerin glaubt diese Gegend zu kennen. Doch es ist ein Wiedererkennen, das auf anderen Voraussetzungen beruht als auf denen einer touristischen Reise. Die Prägungen, die man als Kind in sich aufnimmt, bleiben ein ganzes Leben lang lebendig. Es ist das, was Goethe einmal den »Originaleindruck« genannt hat, die Bilder der frühesten Eindrücke, der Fluss, die Stadt mit ihren Straßen und Plätzen, Berge oder Ebenen, die

Stimmen der Menschen um einen herum, die Mundart der Seinen. Eine Sehnsucht nach Heimkehr bleibt in uns latent, auch nach noch so vielen Jahren.

Woher kommen wir? Diese Frage, die die Menschen sich von alters her immer wieder stellen. Woher komme ich? Es ist nicht nur eine Frage nach der geografischen Herkunft, sondern eine, die wissen will, aus welchem Volk man kommt – und in diesem Falle eine geschichtliche Frage. Im Roman »Kindheitsmuster«, einem der persönlichsten Bücher von Christa Wolf, schwingt diese Frage von Anfang bis Ende mit. Sie führt in ein bohrendes Suchen: Wie sind wir so geworden, wie wir heute sind?

Man erlebt es durch die Augen der Erzählerin, wie ein Raum sich verändert, sich weitet und eine historische Dimension hinzugewinnt. Denn wieso: Verwandlung in eine östliche Landschaft? Nur deshalb, weil sie jenseits der Oder liegt? Ja, es sind zwei Ufer, auf denen die Geschichte spielt – zwei Welten, zwei Epochen, die hier befragt werden. Der Fluss teilt und verbindet zugleich, so wie der Rhein Frankreich und Deutschland trennt und zusammenhält. Die Oder, in der Schreibgegenwart der Erzählerin ein Teil der »Oder-Neiße-Friedensgrenze«, war auch die Linie, über die man auf der Flucht westwärts gelangen musste, um sich einigermaßen in Sicherheit zu fühlen, damals, am Ende des Krieges. In Sicherheit wovor? Vor der Rache der östlichen Nachbarn, die die Deutschen auf ihren Fersen spürten. Und sie wussten, wofür. Dahinter hörte *alle Harmlosigkeit* auf. Es war die Grenzlinie der Schuld, der deutschen Schuld.

Die Reise in die alte Heimat, die Kindheitslandschaft, unternimmt die Erzählerin im Sommer 1971 zusammen mit ihrem Mann, ihrem Bruder und der jüngeren Tochter.

Die Brückenstümpfe entlang der Autobahn zeugen von einer abgebrochenen Vergangenheit – die letzten, noch nicht weggeräumten Wundmale des Krieges. Die Reisende ist auf der Suche nach den Spuren einer zurückgelassenen Kindheit in einer durchschnittlichen deutschen Familie, ihrer Familie. Was man erlebt, ist alles andere als eine nostalgische Reise. Nicht darum geht es, zu sehen, was denn in Gorzów, damals Landsberg, heute noch steht oder längst vernichtet ist. Die *Wiedergewinnung der vollen Sehkraft* vielmehr scheint das Ziel der Reise zu sein, das erwünschte und ersehnte Ziel. Denn mit den Jahren hatte sich der Nebel verdichtet, der seither auf allem lag, was diese vergangene Kindheit von der Gegenwart abtrennt: Halbgewusstes, Verdrängtes, Verschwiegenes, Legenden – ja, auch Lügen. Nicht die Augen sind schlechter geworden, sondern das Gedächtnis. Es wurde zum Schweigen gebracht, beruhigt, gehätschelt, beschwichtigt.

Eine Erfahrung wird gesucht, und das im ganz ursprünglichen Sinne des Wortes: er-fahren, durch Reisen, Fahren, Sehen ein Wissen erlangen, das man nicht bekommt, solange man festsitzt im Gewohnten. So nimmt die Erzählerin begierig alle Details wahr, die ihr anzeigen, sie sei auf dem richtigen Weg zu ihrem Ziel. Die blaue Wegwarte etwa, flankiert von Schafgarbe, Johanniskraut, Huflattich, Wiesenschaumkraut am Straßenrand hinter der Oder. Die gibt es doch überall, wendet die Tochter Lenka. Ja, vielleicht, aber nicht so, nicht auf diese Weise, die ihre Augen schärft und die Sinne wach macht für alles, was ihr begegnen wird. Hölderlin beschreibt im Gedicht sein Wiederfinden der Kindheitslandschaft: »Heimzugehn, wo bekannt blühende Wege mir sind/ Dort zu besuchen das Land und die schönen Tale des Neckars ...«. Genau dort wird er sie finden. Jeder von uns kennt das: An irgendeinem Merkmal, einem Geruch, einer Farbe vielleicht oder am besonderen Flirren des Lichts, erkennt man plötzlich etwas fast Vergessenes wieder! Das Licht der Kindheitslandschaft wird wahrgenommen; es wird klarer und klarer. Es taucht auf aus Tiefen, die unergründlich scheinen, wenn wir sie bewusst zu erforschen beabsichtigen. Dann jedoch, wenn man es nicht darauf anlegt, geben sie sich mit einemmal von selbst preis. Es ist wie das Losungswort im Märchen aus Tausendundeiner Nacht, das einem im rechten Moment einfallen muss, damit der Berg Sesam sich unserem Zugang öffne. »Und die Welt hebt an zu singen, triffst du nur das Zauberwort«, weiß der Dichter Eichendorff. So ergeht es der Erzählerin.

Sie sieht die Straßen und Felder auf der polnischen Seite, aber ihr Blick ist auf die Landschaft in ihrem Inneren gerichtet. Was sie dort finden wird, darauf ist alle Spannung gerichtet. Sie will sich erinnern, sie muss sich erinnern an das Kind, das sie einmal war: Nelly Jordan, geboren 1929 in Landsberg an der Warthe. Als sie das Elternhaus wiedersieht, bricht ein Teil des längst verloren geglaubten Gedächtnisses auf: Die Szene, wie die damals Dreijährige auf der Steinstufe vor ihres Vaters Ladentür sitzt und zum ersten Mal »Ich« denkt. Wie selten erinnert sich ein Erwachsener tatsächlich dieses ersten, so ursprünglichen Ich-Begreifens. Hier scheint es verbürgt, eine authentische Erinnerung, nicht nachträglich von anderen eingeredet. Ein lustvoller Schrecken fuhr in das Kind, das sich mit einem Schlag als ein besonderes Individuum wahrnimmt: »Ich«, nicht die anderen – ein Blitzschlag der Erkenntnis.

Um sich wirklich nahe zu kommen, dem vergangenen Selbst, hilft ihr die Selbstanrede »du«. So steht sie sich gegenüber als dem Ich, das sie von außen und von innen zugleich betrachten kann. Das erst ebnet den Weg, die verbotenen Gebiete des Bewusstseins zu betreten.

Die Zeit des Nationalsozialismus in ihrer Heimat gehört zu den *versiegelten Hohlräumen* des Gedächtnisses, nicht in ihren geschichtlichen Folgen, aber in den persönlichen Einstellungen der Menschen, der ganz normalen Deutschen. Sie will dahinterkommen, wie man damals gedacht, was man gefühlt hat – ihre Eltern, ihre Lehrer und Schulkameraden, sie selber. Und je tiefer sie schürft, desto deutlicher treten die Konturen der Vergangenheit zutage, die Voraussetzungen auch ihrer Kindheitsprägungen. Es ist wie das Abtragen von Schichten darübergelagerter Zeit, so wie es Walter Benjamin mit »Ausgraben und Erinnern« auf den Punkt gebracht hat. Sie nimmt die Arbeit der Erinnerung auf sich.

Die Erzählerin bewegt sich mit fast somnambuler Souveränität durch die drei Ebenen des Romans, die, kunstvoll zu einem Ganzen montiert, sich gegenseitig beleuchten und erklären. Anders kann die Autorin ihrer Vergangenheit nicht habhaft werden. Aus ihrer Gegenwart heraus muss sie sich zu ihr in Bezug setzen, sonst bliebe es reines Geschichtswissen.

Warum aber war so vieles vergessen und verdrängt, was doch zum eigenen Leben dazugehört? Da ist das Jahr 1938, da sind die großen Pogrome am 9. November überall in Deutschland. Das Zerstören, Zerschlagen, Verbrennen von jüdischem Besitz. Nelly war noch keine zehn Jahre alt. Kein Wunder also, ließe sich denken, wenn sie alles vergessen hätte. Aber nein: Es war nur fest verschlossen in den Gedächtniskammern, es hat dort gelagert und lässt sich abrufen, wenn man nur hartnäckig genug danach fragt. Woher sie es wusste, wer es ihr vielleicht zugeflüstert hat, kann sie nicht rekonstruieren: Die Synagoge brennt. Doch Nelly ist nach der Schule hingelaufen, allein, nur aus dem Antrieb, es mit eigenen Augen zu sehen. Zum ersten Mal in ihrem Leben steht sie vor einer Ruine. Ein abgebranntes Gebäude, in Schutt und Asche gelegt – und das Kind muss empfunden haben: Das darf man nicht, das ist falsch. Einen Moment lang blitzt es in ihrem Bewusstsein auf. Gesprochen hat sie mit keinem darüber. Die Eltern danach zu befragen, kommt ihr nicht in den Sinn. Dass sie Trauer empfand, weiß die Erzählerin erst heute. Damals kam wohl das Gefühl in ihr auf, nicht jedoch das Bewusstsein dieses Empfindens. Etwas muss das Kind gespürt haben mit seinem natürlichen Gerechtigkeitsgefühl. Doch gleichzeitig sagt ihm etwas tief in seinem Inneren: Darüber redet man nicht. Das Auseinanderfallen von Wirklichkeit und dem Bewusstsein dieser Wirklichkeit, hier muss es begonnen haben. Fortan wird es dem Mädchen Nelly wieder und wieder geschehen, dass sie ihre wahren Gefühle vor sich selbst verbirgt. Das wird ihr antrainiert, in der Schule, auch im Elternhaus. Sie soll sich zusammennehmen, sagt man ihr. Es gehört zu den festen Verhaltensnormen, ohne die das System nicht funktioniert hätte. Blinder Gehorsam ist einer seiner Eckpfeiler.

Auch nach anderen Zeichen fragt Nelly nie. Im Sommer 1937 unternimmt sie, zusammen mit Tante und Onkel, eine erste Reise an die Ostsee. Auf dem Meer ein weißes Schiff, majestätisch und schön erscheint es ihr. Doch die Erwachsenen reden von Krieg. Deutsche Fliegerverbände trainieren in Spanien für den Ernstfall. In Guernica bombardieren sie die wehrlose Zivilbevölkerung. Für immer wird sich deshalb im Bewusstsein des Mädchens, ohne dass es die Zusammenhänge begreift, das Bild des weißen Schiffes mit Krieg verbinden und das Ende der unbeschwerten Kindheit bedeuten.

Auf der Reise in die frühere Heimat hat sie diese Grenze überschritten, hinter der *alle Harmlosigkeit aufhört.* Christa Wolf stellt in ihrem Roman »Kindheitsmuster« vor allem Fragen. Nicht mehr so tun *als ob.* Die Fragen aber haben zuerst andere gestellt – die Anderen. Nie vergessen hat die Erzählerin die Begegnung mit dem aus einem KZ befreiten Häftling. Es war am Ende des Krieges, während des Flüchtlingstrecks, schon weit hinter der Oder, schon im Mecklenburgischen, wo sie von amerikanischen Soldaten aufgehalten werden. Nellys Mutter kocht, wie die anderen Flüchtlingsfrauen, über offenem Feuer aus den verbliebenen Vorräten ein Essen. Ein ausgemergelter Mann, gestreiftes Käppi auf dem geschorenen Kopf, der allein und wie verloren zwischen den Feuerstellen umherirrt, wird von ihr eingeladen mitzuessen. Er gibt der Mutter auf deren Frage, warum er denn im KZ gesessen habe, die Auskunft: weil er Kommunist gewesen sei. Was die Mutter mit der Bemerkung aufnimmt, deshalb allein sei man aber doch nicht ins KZ gekommen. Dann fällt der Satz, der Nellys ganze Erinnerung später immer wieder durchziehen und das Erlebte in ein neues Licht tauchen wird: »*Wo habt ihr bloß alle gelebt?*« Plötzlich diese Frage, die im Grunde auf keine Antwort hofft, weil sie die schon in sich trägt. Sie haben alle in einem Land gelebt, wo man nicht wissen wollte – nicht wissen durfte, aber auch nicht nachgefragt hat. Und er, jener Mann, hatte in einer anderen Welt gelebt. Entsetzliche Gewissheit für das Mädchen: Auch die eigene Mutter hatte es nicht wissen wollen.

Sie will nicht nur präparierte Fertigteile vorzeigen, solche zu »Medaillons« geronnenen Erinnerungsbilder, wie sie es einst in ihrem Aufsatz »Lesen und Schreiben« beschrieben hat: schön verfertigte, auf ein angenehmes Maß zurechtgestutzte Bausteine, aus denen sich unsere spätere Gedächtnisleistung zusammensetzen kann. Einmal nennt sie die Erinnerung gar ein *Betrugssystem*. Vielmehr geht es ihr darum, den Herstellungsprozess unserer Erinnerungen sichtbar zu machen, nachzuforschen, wie aus den tatsächlichen Erlebnissen allmählich die Erinnerungen werden, mit denen wir umgehen. Eine schwierige Aufgabe. Viele andere würden sich damit zufrieden geben, aus ihrem Gedächtnis die eine oder andere erinnerte Szene zu Tage zu befördern. Die Ich-Erzählerin misstraut inzwischen den eigenen Erinnerungen. Sie ist hellhörig geworden für die Manipulationen, die wir im Laufe der Jahre mit eben diesen Gedächtnisinhalten anstellen. Jene unterschwelligen Veränderungen im Übergang von der erlebten Realität zur fix und fertig gespeicherten Erinnerung möchte sie herausfinden. Auch wenn es weh tut, auch wenn man dabei an sensible Bereiche rühren muss, die lieber unberührt geblieben wären. *Hand an die eigene Kindheit legen*, das trifft es genau.

Die Erzählerin glaubt fest daran, nur wenn sie erfahren kann, wie das Kind wirklich war, das sie einst gewesen ist, wird sie den Weg zur Übereinstimmung mit sich selber wieder finden. Und die größte Schwierigkeit erwächst gerade erst daraus: Darüber so erzählen können, dass es glaubhaft wird, stand hält auch vor sich selbst. Im Idealfall, so das erwünschte Ergebnis, sollten die Strukturen des Erlebens sich mit den Strukturen des Erzählens decken. Wie viele verschiedene Anfänge hat die Autorin für diesen Roman ausprobieren müssen, ehe sie den richtigen Ton gefunden hatte. In einer Diskussion zu »Kindheitsmuster« beschreibt sie das: Den Ton zu treffen, das war der Augenblick, »wenn man anfängt zu reden, daß man sich selber zuhören und glauben könnte.«

Die Ich-Erzählerin erlebt auf der Reise nach Polen einen Augenblick, von dem an sie ihre Umgebung anders wahrnimmt, genauer, schärfer, konzentrierter. Es ist die Sonne der Kindheitslandschaft, die ihr anders erscheint und alles färbt. Ein Licht, das in der Lage ist, plötzlich den Schleier zu zerreißen, der über allem gelegen hatte, was sie zu erinnern versuchte. Dieser kostbare Augenblick wird festgehalten, denn durch ihn erst wird es möglich, hinter den Straßen und Plätzen ihrer Heimatstadt, die sie wiedererkennt, das zu sehen, was sie wirklich sucht. Diesen Schleier hatte nicht nur sie selber auf ihre Erinnerung gelegt und nicht die Zeit, die vergangen war, sondern auch die Erwachsenen, die dem Kind seine Welt erklärt haben. Das junge Mädchen aber, das 1945 mit Mutter und Bruder die Heimat in einem Flüchtlingstreck verlassen muss, hat ihn bereitwillig angenommen und über ihre eigene Sehweise gebreitet. So war die Erinnerung besser auszuhalten. Gefühle von Schuld und Scham musste sie auf diese Weise nicht zulassen. Das alles war so weit weg. Es waren immer die anderen, die das betraf. Jetzt erst, konfrontiert mit dem Originalschauplatz, öffnen sich die Tore des Bewusstseins. Sie lassen die Suchende ein und beweisen ihr in klarem Licht, wie schon das Mädchen Nelly gelernt hat, ihre wahren Gefühle vor sich selber zu verbergen. Dadurch, das erfährt sie nun, sind wir so geworden, wie wir heute sind.

Berührung
Maxie Wander

Wenn Menschlichkeit heißt, niemals, unter keinen Umständen einen anderen zum Mittel für eigene Zwecke zu machen, so war Maxie Wander menschlich. Die Frauen, zu denen sie ging – einige kannte sie, andere nicht –, waren ihr nicht Vorwand für eigene Absichten: Hier wurde niemand »ausgefragt«, kein wohlkalkuliertes Unternehmen unter Dach und Fach gebracht; es sprechen Frauen miteinander, die einander brauchen, die sich selbst und andere entdecken.

Der Tod kommt nie zum rechten Zeitpunkt. Gerade eben begann der spektakuläre Erfolg ihres Buches »Guten Morgen, du Schöne«, Protokolle nach Tonband, da starb Maxie Wander, erst 44 Jahre alt. Ihr Werk so schmal, doch von welch großem Einfluss – wie es nur wenige Bücher in der deutschen Gegenwartsliteratur waren. Dieses Buch hat uns verändert, damals, als es 1977 im Buchverlag Der Morgen erschien und einen ganz unerwarteten Ton anschlug.

Christa Wolf hat diesen Text als Vorwort zum Buch der Freundin geschrieben, als es bald darauf, 1978, auch im Luchterhand Verlag erschien. Das Signalwort *Berührung* allein drückt so vieles aus, was für dieses Verhältnis unter den Frauen charakteristisch ist: Die emotionale und auch die ganz sinnliche, greifbare Nähe zwischen Frauen, die nur weniger Worte bedürfen, um sich einander verständlich zu machen. Um zu spüren, die andere dort, mir gegenüber, versteht mich, ist bereit und offen für das, was ich sagen will, was mich bewegt. Die will tatsächlich dahinterkommen, wie ich bin und warum ich so bin. Man verliert dabei alle Scheu und ist fähig zur *Berührung*. In einer ganz ursprünglichen Bedeutung des frühen Christentums heißt Berührung auch so viel wie Erweckung: Jemanden anrühren und zu sich selbst führen. Gelassen und ohne zu eifern, können die Gesprächspartnerinnen ihren Lebensentwurf preisgeben. Denn sie spüren auch: Da ist niemand, die es besser wüsste, die ihnen erklären würde, wie ihr Dasein ist oder sein sollte. Keine analysierende Distanz, kein bohrendes Nachhaken, kein Urteil. Sondern lebendiger Austausch, der erwartungsvoll darauf gerichtet ist, das Einzigartige und Unverwechselbare einer jeden Frau zu erfahren.

Ein wunderbar neues weibliches Selbstvertrauen leuchtete aus diesen 19 Gesprächen mit Frauen jeglichen Alters und unterschiedlichen Herkommens. Diese Mädchen und Frauen sprachen aus, was wir dachten, fühlten, was an Erfahrungen wir gemacht hatten, Alte und Junge. »Ich bin wer« heißt eines der Porträts. Auf einmal wussten die Leserinnen (aber auch Leser), was sie schon längst gedacht hatten, ohne es vielleicht so sagen zu können. Dazu bedurfte es der fragenden Gesprächspartnerin Maxie Wander.

Sie hatte die Gabe, Leute zum Reden zu bringen. Sie flößte Vertrauen ein, Zutrauen, dass da nicht eine Voyeurin saß, sondern eine, die wollte, dass die Frauen zur Sprache bringen, was ihr Eigenes, ihr Eigentliches ausmacht. Rückhaltlos. Dazu hat sie ermutigt. Mit ihr entdeckten wir uns selber erst wirklich. »Guten Morgen, du Schöne« kam einem Aufbruch gleich. Auch mit Kindern begann Maxie Wander solche Gespräche zu führen. Ein Buch ist nicht mehr daraus geworden, der Tod war schneller, als sie arbeiten konnte. Bald folgten Bühnenfassungen der Frauenprotokolle und machten sie immer berühmter. Sie wirken, liest man die Texte heute, erstaunlich frisch und authentisch.

Nicht mehr dieses: Werden wollen wie ein Mann, sondern: wie eine selbstbewusste Frau! Den eigenen Wert erkennen, das war Emanzipation! Dieses Buch wurde zum Inbegriff einer literarischen Strömung, die wir bald als Dokumentarliteratur bezeichneten. Die man sich gegenseitig aus den Händen riss. Jene scheinbar nur dokumentierten, in Wahrheit kunstvoll komponierten Interviewtexte ließen, ohne dass ein Schlaglicht auf sie fiel, die Persönlichkeit der Fragerin immer deutlicher hervortreten. Maxie Wander aber war gestorben, noch bevor sie den überwältigenden Erfolg ihres Buches so ganz wahrnehmen konnte, am 22. November 1977.

Die Toten bleiben jung – unvorstellbar für Christa Wolf, dass sie die Freundin so bald an den Tod verlor. In ihrem Buch »Sommerstück«, das später die Freundschaften vieler Jahre in einem anrührenden Bild bündelt, setzt sie auch dem Verblassen dieser Frau einen unüberhörbaren Widerstand entgegen: Man müsse sich, wird sie da schreiben, für die Zeiten des Alleinseins einen *Vorrat an Gemeinsamkeit* anlegen. Die Freundin Maxie Wander war ihr eine der liebsten und der nächsten, die in jenen Sommern zum Kreis der Vertrauten gehörten, der ihnen allen in schwierigen Zeiten Halt und Festigkeit gab. Im Wohnort Kleinmachnow bei Berlin waren sie Nachbarinnen. Das strahlende jugendliche Gesicht, voller

Wärme und Lebenslust, immer wieder voller Erwartung. Begabt für Freundschaften. Eine schöne Frau, offen für alles, was das Leben ihr bereithalten würde, so bleibt sie in der Erinnerung lebendig.

Die junge Wienerin war 1958 mit ihrem Mann Fred Wander in die DDR übergesiedelt, arbeitete zunächst als Fotografin und Journalistin. Zusammen publizierten sie Bild-Text-Bände, wie den über die Provence. Dann schrieb sie Kinderbücher. Bei allem Bitteren, was das Schicksal ihr auferlegte – den schrecklichen Unfalltod ihrer Tochter Kitty; die Traumata ihres von den KZ-Erinnerungen gepeinigten Mannes, den sie so sehr liebte; ihre eigene Krebserkrankung –, blieb sie selbst unverbittert und süchtig auf Leben. Fred Wander gab später ihre Tagebuchaufzeichnungen und Briefe heraus, eine der Ausgaben unter dem Titel, der ein Wort von ihr selbst aufnimmt, das all das ausdrückt, wonach sie sich sehnte: »Leben wär' eine prima Alternative«.

Kein Ort. Nirgends

Begreifen, daß wir ein Entwurf sind – vielleicht, um verworfen, vielleicht, um wieder aufgegriffen zu werden. Das zu belachen ist menschenwürdig. Gezeichnet zeichnend. Auf ein Werk verwiesen, das offen bleibt, offen wie eine Wunde.

Die offene Wunde zweier Dichter, die sich auch zu Lebzeiten niemals schließen wird. Als Christa Wolf 1979 diese Erzählung von der nicht bewiesenen, doch möglichen Begegnung zwischen Karoline von Günderrode und Heinrich von Kleist in Winkel am Rhein schreibt, spricht sie von einer *erwünschten Legende*. Sie hatte davon durch Anna Seghers gehört, die ihr gerade diese unglückliche, weithin unbekannte Dichterin Günderrode ans Herz gelegt hat. Einst hatte die Seghers selbst, in ihrer wunderbaren Rede »Vaterlandsliebe« auf dem I. Internationalen Schriftstellerkongress zur Verteidigung der Kultur 1935 in Paris, diese jungen deutschen Schriftsteller als Stimmen des Vaterlands zum Beweis gegen die Barbarei aufgerufen: Hölderlin, Büchner, Lenz und Bürger. Auch Heine würde dazugehören. Sie stellt Kleist und die Günderrode in die erstaunliche Reihe derer, die, nach übermäßigen An-

HEINRICH KLEIST

strengungen, durch Selbstmord oder im Wahnsinn endeten und die Zeit ihres Lebens von diesem deutschen Vaterland nicht angenommen wurden, »an dessen gesellschaftlichen Mauern sie ihre Stirnen wundrieben«. Und doch seien gerade ihre Rufe, ihre Schläge gegen die Mauer das, was von den Zeitgenossen an der deutschen Kultur geliebt worden war. Ein großer Gedanke. Christa Wolf erliegt der Versuchung, die Begegnung dieser beiden so unterschiedlichen und doch innerlich verwandten Geister zu gestalten, des Dramatikers Kleist und der Lyrikerin Günderrode. Bei ihr wird sie zur erzählerischen Wirklichkeit: Winkel am Rhein, Juni 1804.

Man trifft sich im Salon des reichen Kaufmanns, die Geschwister Brentano sind dabei – Clemens mit seiner jungen Frau, vor allem die Freundin Bettine, Carl von Savigny, andere geladene Gäste. Und eben die beiden Dichter. Sie gehen seltener als andere unter Menschen. Beide, Kleist und Günderrode, empfinden ein Unbehagen im Salon. Es herrscht, obgleich man sich doch unter Freunden befinden sollte, eine eingezwängte, formelhafte Konversation. Die Hierarchie der Geschlechter scheint die gegebene Norm. Alles um sie engt ihren Bewegungsraum ein. Die Günderrode sehnt sich ins Freie, hinaus in die Natur. Dort könnte sie sich ungezwungener bewegen als hier, wo alle eine geistreiche Bemerkung von ihr erwarten. Kleist vor allem wird krank dabei, er hat mit Anfällen von Panik zu kämpfen, wenn viele Leute auf einmal ihn anstarren. Er beteiligt sich nicht am Gerede. Er verkrampft sich. Man soll ihn in Ruhe lassen. Nur sein Arzt versteht es, ihn in ein beruhigendes Gespräch zu ziehen.

Die Günderrode überfällt, während Clemens Brentano ohne ihre Einwilligung eines ihrer Gedichte vorliest, ein Gefühl wie *auf Schwingrasen*. Die Freunde nennen sie leichtsinnig, dass sie mit der Publikation ihrer Gedichte, wenn auch unter einem männlichen Pseudonym, ihr Innerstes offenbart. Als Dichterin brüskiert sie die Gesellschaft – was nimmt sie sich heraus! Ihr Selbstbewusstsein, ob echt oder antrainiert, provoziert eher. Eine Frau sollte sich doch mehr zurückhalten! Selbst Kleist, als er sie noch nicht kennt, denkt zweifelnd: *Soll eine Frau so blicken?* Karoline dagegen findet sich nicht leichtsinnig, das wäre nicht das, was sie vorhat; vielmehr ist sie neugierig auf den Moment, *da der Boden unter den Füßen nicht mehr trägt*. Das gleiche betrifft aber auch ihn, den Mann: keinerlei Selbstsicherheit. Es ist ihnen, als gehörten sie nicht dazu. Beide empfinden, jeder für sich, was die großartige Titelmetapher des Buches ausdrückt – sie haben in der Welt keinen Raum, keine Herberge, in welchem Land auch immer: *Kein Ort. Nirgends.*

Viele weibliche Figuren, die in Christa Wolfs Werk auftauchen, sind einander verwandt, irgend etwas in ihrem Lebensgefühl verbindet sie, macht sie einander ähnlich, nicht zuletzt die Autorin und ihre Gestalten. Später, in ihrem Buch »Sommerstück«, wird sie auch ihrer Hauptfigur Ellen diese Erfahrung zugestehen, wie das ist, *auf Schwingrasen* zu stehen, etwas zu riskieren und einmal doch auszuprobieren, wie weit man gehen kann. Diese Neugier auf den Moment, da der Boden nicht mehr trägt, soll nicht verwechselt werden mit Leichtsinn oder Übermut. Es ist das unbedingte Bedürfnis, an die eigenen Grenzen zu gehen, gerade nicht die Beschränkungen und Einengungen zu akzeptieren, die ihr von den gesellschaftlichen Umständen aufgezwungen werden. Hätte Karoline von Günderrode darauf verzichten sollen, ihre Dichtungen zu veröffentlichen? Wäre sie dann, als lediges Fräulein aus verarmtem Adel, eher gesellschaftsfähig gewesen? Hätte dann ein junger Mann um ihre Hand angehalten? Muss man das von einer Frau in ihrer Lage verlangen? Wo aber ist die Grenze, an der die Einsicht in Selbstverleugnung umschlägt? Da sie eine Künstlerin ist, kann sie sich nicht aufgeben – sie würde damit alles aufgeben, was sie als Persönlichkeit ausmacht: den freien Sinn, die Möglichkeit zu schreiben und das auszudrücken, was nur sie zu sagen hat. Sollte die wohlsituierte Ehe das wert sein? Ganz sicher nicht, das weiß sie, bei allem Schmerz auch um eine unerfüllte Liebe. Mit Savigny, so hatte sie sich erträumt, wäre es möglich geworden, beides zu verbinden: die Kunst und die Liebe. Keines von beiden hätte auf der Strecke bleiben, keines hätte dem anderen geopfert werden müssen. In der Verbindung mit einem wie ihm, oder wie Friedrich Creuzer, hätten beide Lebenssphären einander beflügeln können. Das wäre, was eine Frau wie sie vom Leben erwartet hätte.

Doch keiner der Männer, auf die sie hofft, ist mutig genug, diesen Schritt mit ihr zusammen zu gehen, sich über Konventionen und materielle Einschränkungen hinwegzusetzen. War es vermessen von ihr? Zu weit vorgewagt?

Der Gestus der Erzählung, die Art der Beziehungen untereinander ändert sich schlagartig, sobald die Szene ins Freie wechselt. Die Teegesellschaft löst sich auf, ein Spaziergang am Ufer des Rheins schließt sich an. Endlich gelangt man hinaus in die Natur. Der Fluss ist das Sinnbild der offenen Landschaft; Zeichen einer Kraft, die ins Meer mündet, ins Weite, Unbegrenzte. In der frischen Luft kann man aufatmen, die Brust hebt sich leichter, jede Bewegung wirkt befreiend, entspannend. Die Gruppierungen der Spaziergänger wechseln, sie ändern sich. Kleist und die Günderrode geraten miteinander ins Gespräch. Erst jetzt kann man sich kennenlernen, was ihnen im Salon als Möglichkeit verstellt war. Der gemeinsame Gang durch den Ort in einer natürlichen Landschaft führt beinahe in eine andere Wirklichkeit. Die Welt erscheint plötzlich ohne falschen Ton. Das Beieinandersein ist angenehm, das Gespräch ungezwungen, locker. Berührungen zwischen der Frau und dem Mann erscheinen möglich, für Kleist bisher undenkbar. Die Günderrode berührt Kleist mit ihrer Hand an der Schulter; er nimmt sie auf ihrem Gang, mitten im Austausch ihrer Gedanken, am Arm. Die Gespräche werden intensiver, vorbehaltloser; man gibt sich preis. Günderrode und Kleist sondern sich von der Gruppe ab, gehen für sich, stromaufwärts, zu zweit. Kleist, aus dem kargeren Preußen stammend, ist ergriffen von der Schönheit der Rheinlandschaft, ihrer Großzügigkeit und Weitläufigkeit. Im Erlebnis der Natur kann er sich endlich seiner Begleiterin öffnen. In der Atmosphäre unter freiem Himmel, die die Anspannung und Erstarrung löst, verfliegt die Isolierung. Der offene Raum bewegt beide aufeinander zu. Einer der schönsten Landstriche in Deutschland, so der Dichter, seien »die Ufer des Rheins von Mainz bis Koblenz«: »Das ist eine Gegend wie ein Dichtertraum, und die üppigste Phantasie kann nichts Schöneres erdenken, als dieses Tal, das sich bald öffnet, bald schließt, bald erblüht, bald öde ist, bald lacht, bald schreckt.«

Das Fließen des Stroms zu ihrer Seite löst Verkrampfungen und kehrt wieder im Fließen ihres gedanklichen Austauschs. Ihre Gespräche berühren das Verborgenste, Geheimste, die Bestimmung von Frau und Mann, sogar – als Äußerstes – Kleists dramatisches Werk. Kaum jemanden lässt er Einblick nehmen in seine Arbeitsschwierigkeiten. Immer wehrt er ab, was zuviel über ihn verraten könnte. Was Kleist sonst bedrängt und ängstigt, gelingt hier: Er kann über sein Stück reden, den »Guiskard«, mit dem er sich quält, an dem er vielleicht scheitern wird.

Dennoch, die Natur tut ihnen wohl. So gehen sie in den Abend. Das Blau des Himmels hinter dem Kopf des anderen, der bewegte Strom, die tiefer stehende Sonne schaffen ein Bild, das beide mit ihren Konflikten in die ganze Welt einbettet. Das abendliche Licht beleuchtet alles schärfer, genauer, die Landschaft tritt aus der bloßen Hintergrundfunktion heraus und beginnt, mit dem inneren Zustand der Figuren zu harmonieren. Ihre Seelen finden eine Entsprechung in der freien Natur. Mit aller Kraft suchen sie einen Ausweg, der ins Freie führt.

Und doch war ihnen auf Erden nicht zu helfen. Keiner von beiden kann zur Übereinstimmung mit dem gesellschaftlichen Umfeld gelangen, am wenigsten Kleist. Es bleibt nur das eingeschränkte Leben. Für den Mann gibt es nur ein Entweder – Oder, die Anpassung an Amt und Staatsräson bei Aufgabe seines Selbst, oder die Realisierung seines dichterischen Entwurfs, dann aber ausgestoßen aus dem gesellschaftlichen Raum. Die Utopie ist ohne Chance auf Verwirklichung. Das wirkliche Leben, es lässt sich nicht packen.

Wenige Jahre später schon sind sie beide tot. Karoline von Günderrode ersticht sich 1806 mit jenem Dolch, den sie bereits an dem Tag im Salon bei sich trug, und stürzt sich bei Winkel in den Rhein. Heinrich von Kleist erschießt sich am Wannsee in Berlin, 1811. Sie konnten beide in dieser Welt nicht leben. Die Grenze, hinter der ihre Existenzen mit der bürgerlichen Welt kompatibel geworden wären, konnten sie – bei Strafe der Selbstaufgabe – nicht überschreiten. Der Dramatiker Kleist aber wird später auf deutschen Theaterbühnen viel gespielt … Anders bei ihr, der Frau, der Dichterin. Als das aufgeregte Gerede um Karolines Freitod sich gelegt hat, wird sie schnell vergessen. Nur die treue Freundin Bettine, inzwischen die Witwe Achim von Arnims, hält in ihrem biografischen Roman »Die Günderode« (1840), wenn auch nicht ohne freie Phantasie und mancherlei Umdichtungen, ihr Bild für die Nachwelt fest. Das bittere Ende der Freundin im Blick, schreibt sie: »Aber es wird ja schon wieder hell …«

Der Schatten eines Traumes
Karoline von Günderrode – ein Entwurf

»Die Erde ist mir Heimat nicht geworden.«
Es steht nicht zu erwarten, daß wir, die spätere Nachwelt also, diesen Spruch aufheben werden; zu fremd ist auch unserer Zeit ihr Anspruch auf Ganzheit, Einheitlichkeit, Tiefe und Wahrhaftigkeit des Empfindens, zu unheimlich ihre Absolutheit in dem Bedürfnis, Leben und Schreiben in Einklang zu bringen.

Da forscht eine Schriftstellerin einer anderen nach, spürt ihr innerstes Geheimnis heraus, begreift, warum diese andere nicht leben konnte, wo sie doch so unbedingt leben und schreiben und glücklich sein wollte. Es geht um die Dichterin Karoline von Günderrode (1780–1806) – und es geht um sie selber, Christa Wolf. Ein Essay, geschrieben zum Verständnis der weithin vergessenen Autorin aus der Zeit der deutschen Romantik, ebenso wie zur Selbstverständigung in der eigenen krisenhaften Zeit. Der Essay »Der Schatten eines Traumes« erscheint 1979 als Nachwort zu einer Ausgabe von Werken der Günderrode, die Christa Wolf herausgibt. Ganz wichtig und nicht zu überlesen ein Signalwort im Untertitel des Textes: *ein Entwurf.* Keine literaturhistorische Belehrung also, nichts trocken Wissenschaftliches, obgleich natürlich alles genauestens recherchiert ist, das versteht sich. Sondern der Entwurf des Bildes einer schreibenden Frau, einer Vorläuferin, an deren Problematik Christa Wolf die eigene deutlicher, schonungsloser erkennen und benennen kann. Es geht um eine restaurative Epoche, um schwerwiegende Schreibhindernisse. Und doch sagt die Autorin in dem Gespräch »Projektionsraum Romantik«, es sei für sie etwas *sehr Erfrischendes* gewesen, als sie sich mit der Günderrode und der Bettine von Arnim beschäftigt habe. Trotz allem Schweren und Niederziehenden in diesem Schicksal muss es sie ungeheuer ermutigt, ja sogar beflügelt haben, zu sehen, wie da eine junge Frau, allen Behinderungen zum Trotz, ihren künstlerischen Ausdruck sucht. Ist es nicht immer wieder das Entscheidende, was man selber von sich erwartet, welchen Anspruch man an sich stellt? Daran sich zu orientieren und nicht an den Möglichkeiten, oft genug gering und eingeschränkt, die die jeweilige Gesellschaft einem – und hier besonders einer Frau – zuzugestehen bereit ist: Das erst macht den Zirkel aus, in dem wir uns bewegen können. Die Geschichte der Karoline von Günderrode, ähnlich wie die Schriftstellerin es über ihre Romanfigur Christa T. ausdrückt, ist für sich genommen *nicht beispielhaft*, sie trägt jedoch in sich ein ungeahntes Ermutigungspotential. Nach dem zu suchen, war Christa Wolfs Anliegen. Die Kunst der Romantik war doch ein Protestschrei gegen die Verbürgerlichung der Gesellschaft, gegen die Verbannung von individuellem Freiraum und Phantasie aus der Welt, ja auch gegen die zunehmende Industrialisierung, die alles auf Profitabilität ausrichtet und so notwendig die Individualität einschränkt.

Wie so oft im Werk der Christa Wolf, entstehen Essays und Selbstbefragungen parallel zu ihren Prosatexten, sie ergänzend, begleitend, vertiefend, etwa »Lesen und Schreiben« im Umfeld zu »Nachdenken über Christa T.«, oder die Frankfurter Poetik-Vorlesungen, »Voraussetzungen einer Erzählung«, zu »Kassandra«. Das ist geradezu ein Charakteristikum ihrer Arbeitsweise. So auch diesmal, als die Autorin tief eintaucht in den Zeit- und Denkraum der Romantik, ihn zum Projektionsraum für sich weitet. Im selben Jahr wie der Günderrode-Essay erscheint die Erzählung »Kein Ort. Nirgends«, die die mögliche, die erwünschte Begegnung zwischen Heinrich von Kleist und Karoline von Günderrode durchspielt.

Über Karoline von Günderrode erfährt die Autorin aus deren Biografie viel Konkretes über den Status einer Frau, die sich als Dichterin profilieren, die öffentlich wirken will damals, am Beginn der bürgerlichen Epoche. Es hätte doch, nach den Proklamationen der Französischen Revolution für Menschenrechte, Freiheit und Gleichheit, eine Zeit sein sollen, die dem günstig ist. Aber die Lebensgeschichte der Günderrode bezeugt alles andere als das. Die Erde sei ihr keine Heimat geworden, liest man in einem ihrer Gedichte. Ein Ganzes werden – gerade dieser Anspruch der Dichterin bleibt ihr unerreichbar. Ihre persönlichen Verstrickungen, arm und zu klug für eine Frau zu sein, zudem und vor allem keine gute Partie für eine Heirat mit einem gut situierten Mann darzustellen, schränken sie mehr als vermutet ein. Dabei ist sie vielen von ihnen geistig überlegen, nur zeigen darf man es nicht, es gilt allenthalben als unweiblich. Die Männer, die sie liebt und denen sie sich ebenbürtig fühlt, erst Savigny und dann Friedrich Creuzer, haben nicht die Größe, sich für sie zu entscheiden. Creuzer, der die Eheschließung mit der Witwe seines Universitätsprofessors wählt, um selber versorgt zu sein und eine Professur zu erlangen, bekennt zwar seine Liebe zu der jungen Frau. Auch stilisiert er sie zu seiner Muse, gibt ihr in den heimlichen Briefen gar den Decknamen »Poesie«, und das mag von ihm sehr anerkennend gemeint sein. Doch leben kann die Frau davon nicht. Solcherart mythologische Allegorien, die dem Altertumswissenschaftler Creuzer schnell unter die Feder kommen, machen nicht satt, in keiner Hinsicht. Viel lieber würde sie mit dem geliebten Mann ganz normal zusammenleben, ihrer beider Arbeit durch gemeinsame Diskussionen vorantreiben, sich wechselseitig bestärken, ermutigen und produktiv machen. Und Freude an dieser Gemeinsamkeit haben. Leben und Schreiben also in harmonischem Einklang. Das Eine durch das Andere befruchtet. Aber genau dies scheint nicht zu funktionieren. Dafür braucht es Menschen mit Rückgrat. Da wäre die Frau viel eher bereit als der Mann, ohne faule Kompromisse und ohne Ausreden zueinander zu stehen.

Die Günderrode, so der Eindruck, ist tapferer als ihr ängstlicher Geliebter. Das macht ihn klein – und sie einsamer, als man es sich vorstellen kann. Ihr Schreiben leidet darunter, die Schriftstellerin Christa Wolf erkennt es wohl. Sie erkennt aber auch, kompromisslos, die sozialen Bedingungen dieses Lebens: Eine Epoche, die schon Großes anvisieren lässt für die Frau, für alle gebildeten Menschen, und die doch zugleich die engen Mauern des real Unmöglichen um sie her auftürmt. Karoline von Günderrode sieht deutlich in sich ein unseliges Missverhältnis: »denn ich bin ein Weib und habe Begierden wie ein Mann, ohne Männerkraft«, schreibt sie. Am Ende nimmt sie sich, weil sie keinen anderen Ausweg sieht, das Leben. Die Liebe gescheitert und die Literatur nicht zu Wirkung und Vollendung gelangt. Eine Ahnung von etwas

Großem, Besonderem aber hat sie zuvor doch erfahren: Leben in Freundeskreisen, die ein neues Miteinander schaffen, wenngleich ausgegrenzt von der Gesellschaft. Christa Wolf spricht von dem Lebensexperiment der Romantiker: »in Gruppen lebend, da es in der Gesellschaft nicht ging, am Rande der Gesellschaft, aber, literarisch gesehen, in ihrem Zentrum«. Das erscheint ihr selber dann in ihrer Zeit als ein gangbarer Weg, der Vereinzelung des Künstlers etwas entgegenzusetzen, ebenfalls solche Freundeskreise zu bilden.

Wie wird sie sich gefühlt haben, damals, Ende der 70er Jahre, als ihr Roman »Kindheitsmuster« wiederum in einen Zwiespalt der öffentlichen Rezeption geriet? Hatte sie nicht gehofft, ein Jahrzehnt nach den aufreibenden Debatten um »Nachdenken über Christa T.« wäre das Selbstverständnis ihrer Gesellschaft ein anderes geworden, weiter und großzügiger? Nicht mehr diese kleinliche Angst um Abweichung von einer vorgegebenen Linie? Und nun, muss sie erkennen, holt die Erfahrung sie auf den Boden der Tatsachen zurück. Am 27. September 1979, ihrem »Tag im Jahr«, notiert sie ihren unruhigen Nachtschlaf. Ihr Mann hört sie aus dem Traum heraus schreien, einmal sei es eine Art Abwehr-, das zweite Mal ein Hilferuf gewesen. Sie erinnert sich an eine glutrote Farbe, in die dieser Traum getaucht war, an das Gefühl einer schweren Bedrängnis. So sehr man es auch will, man wird nicht fertig mit diesen Hindernissen, die einen wieder und wieder umstellen. Da ist es gut und vielleicht sogar ein wenig tröstlich, sich bei den Romantikern umzusehen, sich zu ihnen ins Verhältnis zu setzen.

Nun ja! Das nächste Leben geht aber heute an.
Ein Brief über die Bettine

Welch andren Widerpart schuf Gottvater sich in Mephisto, den Menschen zu zwiespältigster Schöpfung anzustacheln, als die Mutter Natur in ihrem nun unterdrückten, vermaledeiten, tabuisierten Hexen-, Nymphen- und Geisterheer, dem die Bettine als späte Nachfahrin sich anschließt mit bebendem Herzen. Welch Gegen-Entwurf an den Wurzeln einer in die Irre gehenden Kultur. Welche Kühnheit im Gespräch der beiden Frauen.

Bettina von Arnim, eine der Frauen der deutschen Literaturgeschichte, der wir uns erst im 20. Jahrhundert wirklich näherten. Als Christa Wolf sich mit Kleist und der Günderrode auseinandersetzte, in den späten siebziger Jahren, da war der Boden bereitet auch für ihre Bekanntschaft mit der Bettine. Die Zeit, in der sie lebten, eine unabgegoltene, bis heute. Es sei eine Zeit gewesen, in der die Weichen gerade unwiderruflich auf die Ausbeutung der Natur und auf die Unterdrückung des weiblichen Elements in der neuen Zivilisation gestellt waren. Die Restauration, die nach den nationalen Befreiungskriegen gegen Napoleon einsetzt und das gesellschaftliche Leben lähmt. Bettina von Arnims Briefroman »Die Günderode«, ein wichtiger Teil der Selbstverständigung jener Generation, der sie angehörten und die wir, verkürzend, »die Romantiker« nennen. Die Freundschaft dieser beiden Frauen, Bettine Brentano und Karoline von Günderrode, steht dabei als Exempel einer der großen Möglichkeiten, die die Zeit schon ahnen ließ, jedoch keineswegs beförderte.

»Schon gar oft hab ich diese Empfindung gehabt«, schreibt die Bettine, »als ob die Natur mich jammernd wehmütig um etwas bäte, daß es mir das Herz durchschnitt, nicht zu verstehen, was sie verlangte ... Da blieb ich eine Weile stehen, das Brausen war mir grad so ein Seufzen, das lautete mir, als wär's von einem Kind; da redete ich auch zu ihr wie zu einem Kind. ›Du! – Liebchen – was fehlt dir?‹ und als ich's ausgesagt hatte, da befiel mich ein Schauer, und ich war beschämt, wie wenn ich einen angeredet hätte, der weit über mir steht, und da legt ich mich plötzlich nieder und versteckte mein Gesicht ins Gras, ... und nun, wo ich an der Erde lag mit verborgenem Gesicht, da war ich einmal zärtlich.« Eine große, überwältigend schöne Textstelle. Der Schmerz darüber, dass man die Natur nicht verstehen könne, den Auftrag nicht entschlüsseln, den sie dem Menschengeschlecht zuraunt. Im Brausen der Natur liegt aber, so empfindet sie ganz stark, das verborgene Zauberwort, das, was wir begreifen müssen von der Natur, von der Erde – bei Strafe unseres Untergangs. Ich gestehe, ich fühle mich unwillkürlich erinnert an die Undinegestalt, nicht nur die Sagengestalt der Romantik, sondern an die Undine bei Ingeborg Bachmann, die zurück geht in den Schoß der Mutter Natur, weil ihr auf Erden nicht möglich war zu leben. So wie das poetische Ich der Bettine ins Gras, an die Erde sich schmiegt und *zärtlich* wird, um das Herz der *Natur* zu spüren, so geht Undine ins Wasser, unter Wasser, ins Reich der mütterlichen, bergenden Seetiefe. Weil die Menschen sie verraten haben, kann sie nur im Schoß der Mutter Erde selbst überleben. Es sind die *unterdrückten, vermaledeiten, tabuisierten* Wesen, die Nymphen, Hexen, Wassergeister, die mit der Natur verbündet sind und gerade dadurch zu Außenseitern der Gesellschaft werden.

Die Bettine empfindet zugleich, indem sie die Natur wie Ihresgleichen anredet, *einen Schauer*: Es ist ungehörig, so weiß sie auf einmal, denn die Natur steht *weit über* ihr, dem Menschenkind. Sie ist *beschämt*, weil sie sich vergriffen hat im Ton. Und dabei ist doch diese schwesterliche, so reine und liebevolle Anrede »Du! – Liebchen – was fehlt dir?« alles andere als anmaßend. Es ist das tiefe Verstehen, dass wir der Natur Gewalt antun. Sie spürt im Innersten das Fehlverhalten der Menschen. Und in dem Augenblick, in dem sie ganz, mit Haut und Haar, an der Seite der Natur liegt, »da war ich einmal zärtlich«. Da ist alles Fremde zwischen ihnen vergangen, da sind sie eins geworden.

Wie anders die Naturbeziehung des Faust, von Mephisto angetrieben, angestachelt. Natürlich, sagt Christa Wolf, kennt Bettine Goethes »Faust«. Sie bewundert und verehrt Goethe seit frühester Jugend. Doch sie erkennt zugleich, wie anders geartet dieser Faust sich zur Natur ins Verhältnis setzt: Er will der Bezwinger der Natur sein, der die Erde beherrscht und ihre Kräfte dem Menschen Untertan macht. Ein männliches, zupackendes Verhältnis, das den Naturwissenschaftler Faust herausfordert. Mephisto, der den Menschen *zu zwiespältigster Schöpfung* drängt: auf eine Weise, den dem Menschen zunächst Vorteil bringt, jedoch zu Lasten der Natur und ihrer Bewahrung. *Du! Liebchen, was fehlt dir?*, das ist die Frage der Frau, der weiblichen, schwesterlichen Beziehung. Auch sie weiß nicht genau, was da falsch läuft, aber sie spürt ganz deutlich, dass der Natur etwas *fehlt*, ja dass ihr etwas angetan wird von uns, den Menschen.

Es sind, so Christa Wolf, die Sehnsuchtsmotive der frühen Romantiker, die sich die Bettine bewahrt, denn sie ist in ihrem Bannkreis aufgewachsen. Die Sehnsuchtsmotive eines anderen, besseres Lebens, das nur, so die stillschweigende Übereinkunft, im Zusammenklang mit der Natur erlangt werden kann, niemals gegen sie, auf ihre Kosten. Und Christa Wolf schreibt, indem sie die Zeichen der Zeit beim Namen nennt, von der »Unterdrückung eines jeden ›weiblichen‹ Elements in der neuen Zivilisation«. Das bedeutet eben nicht schlechthin: Unterdrückung von Frauen, auch – wie am Beispiel der Karoline von Günderrode deutlich wird – von Künstlerinnen. Sondern es umfasst Männer und Frauen im selben sie verbindenden Anliegen, die Entwicklung der Menschheit nur in Übereinstimmung mit den Kräften der Natur zu denken, also *jedes ›weibliche‹ Element.*

Diese wunderbaren Freundeskreise der frühen Romantiker, die die Frauen und die Männer für eine kurze, aber intensive und produktive Zeit zusammenführten, sind bald schon an ein Ende gelangt. Der Gang der geschichtlichen Ereignisse, in Deutschland, in Europa nach dem Wiener Kongress, sprengt auch diese Kreise, vereinzelt jene, welche *das Zeug hatten, Stimme einer geschichtlichen Bewegung zu sein*, wie der Essay anschaulich macht. Zu diesen Stimmen zählen auch Karoline von Günderrode, Bettine von Arnim, Caroline Schlegel-Schelling. Eine traurige Zeit, die die jungen Verbündeten bald auseinandersprengt. Sie alle müssen auf ihre Weise mit der Desillusionierung fertig werden, die die Zeit ihnen aufzwingt. Ihre Stimmen versiegen allmählich.

Die einen gehen ins Exil, die anderen kehren in den Schutz der katholischen Kirche zurück, wie Bettines Bruder Clemens Brentano. Sie selber, die Bettine, zieht sich in die Ehe zurück. Heiratet Achim von Arnim, den Jugendfreund des Bruders, den Gleichgesinnten, einen märkischen Landjunker. Bettine, sieben Kinder gebärend, auf dem Arnimschen Gut Wiepersdorf bei Jüterbog lebend, verhält sich, nach eigenen Worten, »wie die Katz mit den Jungen«. Sie gibt sich mit der Frauenrolle erst einmal zufrieden. Auch den Männern steht nur die Anpassung zu Gebote, die der Zwang zum Broterwerb ihnen diktiert. Was bleibt, ist die Erinnerung an eine Vision, die sie alle einmal hatten: Eine andere, freiere Art des Umgangs miteinander und mit der Natur, die sie einander verbündete gegen die auf nackten Gewinn und nichts als das fixierte moderne Industriegesellschaft.

Die Dichterin Sarah Kirsch, eine Freundin von Christa Wolf, veröffentlicht 1976 in ihrem Gedichtband »Rückenwind« den lyrischen Zyklus »Wiepersdorf«, bestehend aus elf Gedichten. Dort heißt es, unter 9: »Dieser Abend, Bettina, es ist/Alles beim alten. Immer/Sind wir allein, wenn wir den Königen schreiben/Denen des Herzens und jenen/Des Staats. Und noch/Erschrickt unser Herz/ Wenn auf der anderen Seite des Hauses/Ein Wagen zu hören ist.« Das Erschrecken des Herzens, das noch nicht erloschen ist, klingt fast bedrohlich. Es schwingt beim Geräusch des vorfahrenden Wagens aber auch die Möglichkeit mit, jemand könne auf einmal, unangemeldet, aber doch voll Sehnsucht erwartet, kommen – und sie wäre nicht mehr allein. Die Vereinzelung, die Trennung von den Freunden der Jugend, das ist das Schwerste, was sie zu ertragen hat. Ein jeder wird auf sich selbst zurückgeworfen. Bettina von Arnim muss viele Abstriche an ihrem Entwurf vom Leben machen. Zunächst nimmt sie dieses Lebensmuster an. Dann, nach Arnims frühem Tod 1831, zieht sie fort von Wiepersdorf, in die Residenz Berlin. Eine neue Phase des Lebens. Bewegung, Lebendigkeit. Eine schriftstellerische Existenz. Sie erkämpft sie sich. Hat wieder Hoffnung. Engagiert sich in sozialen Fragen. Schreibt ihre Bücher: »Goethes Briefwechsel mit einem Kinde« (1835), »Die Günderode« (1840), »Dies Buch gehört dem König« (1843). 1842, so ist überliefert, soll Bettina von Arnim, inzwischen eine politische Autorin von Rang und in der preußischen Hauptstadt gar schon als »Communistin« verdächtigt, in Bad Kreuznach mit dem jungen Dr. Karl Marx zusammengetroffen sein. Dessen Braut Jenny von Westphalen beklagte, die beiden hätten lange einsame Spaziergänge unternommen. Gesprächsstoff genug werden sie gehabt haben. Die Zustände in Deutschland sind erstarrt, die politische Reaktion scheint alles im unerbittlich festen Griff zu haben. Bettines Versuch, einen eigenen Verlag zu gründen, die Arnimsche Verlagsexpedition, scheitert bald.

Was muss es eine Frau gekostet haben, in diesen versteinerten Verhältnissen dennoch zu tanzen! Nicht endgültig und unwiderruflich aufzugeben. Christa Wolf, mehr als hundert Jahre später, lebt selbst in solchen Freundeskreisen, wie die jungen Romantiker sie einst für sich entworfen haben. In ihrem Erinnerungsbuch »Sommerstück« ist ein derartiges Lebensgefühl tröstlich und besitzt die Fähigkeit, die Ich-Erzählerin aufzufangen. Sie kann freier atmen und wieder schreiben, das heißt auch, wieder aus dem Vollen leben. Denkt man an ihre Romanfigur der Christa T., die der Freundin bekennt, »daß ich nur schreibend über die Dinge komme«, dann erwächst eine Ahnung davon, was es auch die Bettine gekostet hat.

Ein Porträt ohne alle Verklärung, von klarer Nüchternheit, die aber den Glanz dieser Frau aufscheinen lässt, klug und empfindsam. Christa Wolf macht sie nicht zur Revolutionärin, zeigt jedoch, wie es ihr Verdienst ist, die Rolle angenommen zu haben, die ihr zufiel, wie sie sich in die Lücke stellte, die ihre Zeit ihr bereit hielt, und eine politische Schriftstellerin wurde.

Von Büchner sprechen
Darmstädter Rede

O wer sich einmal auf den Kopf sehn könnte. *Wenn einer, muß Büchner das Verlangen gekannt haben, das Unmögliche zu leisten: den blinden Fleck dieser Kultur sichtbar werden zu lassen. Er umkreist ihn mit seinen Figuren, die er bis an die Grenzen des Sagbaren treibt.*

Ein klaffender Riss durch die Welt. Büchner macht ihn in seiner Literatur sichtbar. Es schmerzt, das will, ja das muss er zeigen. Gerade dies macht Georg Büchner zu einem Autor der Moderne. Er steht am Beginn einer Entwicklung, die die deutsche Literatur in die Moderne treibt. Von ihm hatte Anna Seghers in ihrem Essay »Vaterlandsliebe« (1935) geschrieben: »Bedenkt die erstaunliche Reihe der jungen, nach wenigen übermäßigen Anstrengungen ausgeschiedenen deutschen Schriftsteller. Keine Außenseiter und keine schwächlichen Klügler gehören in diese Reihe, sondern die Besten: Hölderlin, gestorben im Wahnsinn, Georg Büchner, gestorben durch Gehirnkrankheit im Exil, Karoline Günderode, gestorben durch Selbstmord, Kleist durch Selbstmord, Lenz und Bürger im Wahnsinn.« Da lebte sie selbst, als Jüdin und Kommunistin aus Nazi-Deutschland vertrieben, im Exil, und ein klaffender Riss ging durch die Welt. Als sie zurückkehren konnte in ihr Vaterland, wurde die inzwischen durch ihren Roman »Das siebte Kreuz« weltbekannte Schriftstellerin in Darmstadt mit dem Georg-Büchner-Preis 1947 geehrt.

In den Jahren danach wurden viele deutschsprachige Schriftsteller als Büchner-Preisträger ausgezeichnet. Darunter befinden sich einige, die Christa Wolf zu ihren Freunden zählt, Heinrich Böll, Uwe Johnson, Max Frisch, Ingeborg Bachmann, Günter Grass, Christoph Hein – 1980 sie selber.

Die Preisträgerin setzt sich in ihrer Darmstädter Rede mit dem Dichter auseinander, der so kurz nur lebte und doch so vieles bewirkt hat in der deutschen Literatur und im Denken der deutschen Intellektuellen nach ihm. Für sie versteht es sich von selbst, dass sie sich zu diesem Dichter, in dessen Namen die Deutsche Akademie für Sprache und Dichtung in Darmstadt einen der wichtigsten deutschen Literaturpreise verleiht, ins Verhältnis setzt – heute durchaus nicht mehr immer üblich bei Preisverleihungen ähnlicher Art. Was wird sie dazu veranlasst haben? Nur die Pflicht der Dankesrede für eine Preisverleihung? Sicher nicht. Man spürt das tiefe, ganz intensive Bedürfnis, die schwierige Existenz des Dichters in jener krisenhaften Zeit in Deutschland zu begreifen. Wenn man den Blick hebt aus der beschränkten Welt, in der man lebt, erblickt man vor sich andere, die ebenso gegen Mauern angerannt sind, und das tröstet, ermutigt. Man ist nicht allein. Immer wieder helfen die Biografien der Vorausgegangenen, mit der eigenen Misere fertig zu werden. Einer ihrer wichtigsten akademischen Lehrer, Hans Mayer, als Jude vertrieben, schreibt in den Jahren der Emigration in der Schweiz sein folgenreiches Buch über »Georg Büchner und seine Zeit«.

Mit dem Manuskript im Gepäck kommt er dann 1945 ins befreite Deutschland zurück – ein weiterer Bezugspunkt für die Autorin, der sie in die Nähe eines dieser »jungen, nach wenigen übermäßigen Anstrengungen ausgeschiedenen deutschen Schriftsteller« rückt.

Georg Büchner also. Warum ist er so wichtig für uns Heutige? In seinem Fragment gebliebenen Drama »Woyzeck« stampft die Titelfigur auf den Boden: »Hohl, hörst du?« sagt er zu seinem Kameraden Andres, »Alles hohl da unten.« Geboren wurde Georg Büchner in Goddelau bei Darmstadt, gestorben ist er, erst 23jährig, in Zürich im Exil. Das war 1837 in seiner kleinen Wohnung in der Spiegelgasse 12, achtzig Jahre, bevor im Haus unmittelbar daneben, in Nr. 14, Lenin mit seiner Frau Quartier nehmen wird, in Bibliotheken arbeitend und die Revolution vorbereitend, die Büchner so sehr erwartet hatte. Heute erinnern Gedenktafeln an den »deutschen Dichter« und den »Führer der russischen Revolution«. 1917, eine Zeit, in der Zürich, verborgen in der wohlbehüteten Schweiz, ein Zentrum der geistigen Elite wurde. James Joyce schreibt hier an seinem Roman »Ulysses«, der die Literatur des 20. Jahrhunderts revolutionieren sollte, und ganz in der Nähe, in der Spiegelgasse Nr. 1, war soeben das »Cabaret Voltaire« gegründet worden, wo sich inmitten der Künstlerbohème die Dadaisten trafen, um lautstark ihr Manifest zu debattieren. Büchner dagegen hat ganz im Stillen in seinem Zimmer gearbeitet. Er war, nachdem er 1836 an der Universität Zürich seine Dissertation verteidigt hatte, eben dort als Privatdozent aufgenommen worden. Während er Fische und Lurche seziert und präpariert, bleibt seiner Phantasie genügend Raum, das Seziermesser auch an die gesellschaftlichen Zustände zu legen. Alles hohl in den Verhältnissen in Deutschland, wo die Herrschenden verhindern, was die junge Generation sich so sehr erhoffte: eine Umwälzung der versteinerten politischen Zustände. Sie hatten Büchner aus Deutschland, aus seiner Heimat Hessen vertrieben. Er wird als »flüchtiges Individuum« steckbrieflich gesucht. Die wenige Zeit, die ihm noch bis zu seinem Tod bleibt, arbeitet er wie besessen. Er will und muss festhalten, was ihn so zur Verzweiflung treibt. Seine nüchterne Einsicht, geschult am naturwissenschaftlichen Blick, ist unbestechlich: »Jeder Mensch ist ein Abgrund, es schwindelt einem, wenn man hinabsieht«, heißt es im »Woyzeck«. Ein anderer Schriftsteller in Zürich, ein Jahrhundert später, formuliert für sich das Bekenntnis, er schreibe, »um schreibend der Welt standzuhalten«: Max Frisch. Da hat sich noch immer nichts geändert an der Problematik des empfindenden Menschen, der seine Zeit nur durch den künstlerischen Ausdruck der Widersprüche ertragen kann, mit seinem Schreiben.

Der *blinde Fleck*, von dem Christa Wolf in ihrer Dankrede spricht, die *Grenzen des Sagbaren*, sie sind es vor allem, die sie als Schriftstellerin selbst interessieren. Wie wenig später in »Störfall« kreist ihr Denken um diesen blinden Fleck: Das, was wir nicht sagen können – weil wir es nicht exakt genug zu benennen verstehen; oder weil wir nicht wagen, ganz genau hinzuschauen; oder auch, weil wir dazu nicht fähig sind, jenen unbestechlichen, gewissermaßen sezierenden Blick Büchners nicht haben. Doch der hat es auch nicht ausgehalten, er muss einen wahnsinnigen Schmerz dabei empfunden haben, den er – der Dichter – in seiner Not auf seine literarischen Figuren überträgt. Das ist für ihn die einzige Rettung. Es führte schließlich, so Christa Wolf, zu einer »Überanspannung von Körper und Geist«, die einfach nicht auszuhalten war.

Die Figur der Rosetta aus Büchners Schauspiel »Leonce und Lena« wird Christa Wolf zum Sinnbild dessen, was da nicht mehr zusammenpasst in der Welt, die Georg Büchner erlebt. An den Bruchstellen der Zeit, so musste Büchner selbst erfahren, wird alles gebrochen: »der Mut, das Rückgrat, die Hoffnung, die Unmittelbarkeit«. Die Zeitgenossin des 20. Jahrhunderts spürt es genau heraus. Für den Dichter war die Zeit nicht lebbar. Leonce ruft Rosetta zu: Tanze, Rosetta, tanze. Vielleicht ließe sich die Zeit doch noch auf irgendeine Weise in den Takt ihrer Füße bannen, doch: »Meine Füße gingen lieber aus der Zeit.«

Kassandra

Jetzt wuchs die Frage, wie die Frucht in der Schale, und als sie sich ablöste und vor mir stand, schrie ich laut, vor Schmerz oder Wonne.
Warum wollte ich die Sehergabe unbedingt?

Einst war Kassandra eine Königstochter in Troia. Ein schönes, lebhaftes Mädchen. Unter den zwölf Brüdern und Schwestern war sie eine Besondere. Eine von den Töchtern des Priamos und der Hekabe soll Priesterin werden. Nicht Kassandra war für dieses Amt ausersehen, sondern ihre Schwester Polyxena. So hätte es der natürliche Lauf der Dinge vorgesehen. Doch Kassandra war im Inneren besessen von der Idee, dieses Amt stünde ihr zu, nur ihr. Sie lodert wie eine Fackel und ist überzeugt von ihrer Auserwähltheit. Sie setzt ihren Willen, setzt sich durch. Als sie alles erreicht und Macht über andere gewonnen hat, ist sie an ihrem tiefsten Punkt angekommen. Der Gott Apoll hatte ihr auf ihren heiß drängenden, fordernden Wunsch hin die Sehergabe verliehen: Sie würde die Zukunft voraussehen können, aber – gestraft für ihren Hochmut mit dem Fluch: Keiner würde ihr glauben.

Sie gerät, vor der Burg von Mykene, in den Weg der Rachefurie Klytaimnestra. Kriegsbeute des Agamemnon ist sie, des Königs von Mykene. Klytaimnestra mordet ihren Mann und muss die Troerin am Wegrand mit beseitigen. Die letzte Zeugin seines Sieges, der sich in eine schreckliche Niederlage verwandelt. Klytaimnestra hat nur noch den einen Gedanken, ihre Schmach und den Tod ihrer Tochter Iphigenie zu rächen. Sie, die betrogene Mutter, der man die älteste Tochter nahm, um sie wie ein Opferlamm sinnlos zu schlachten für den siegreichen Heerzug der Männer. Hier setzt Christa Wolf mit ihrer Erzählung ein. Der Ton ist gefunden, die dramatische Zuspitzung angeschlagen.

Vor dem Löwentor in Mykene sitzt Kassandra, zusammengezogen in sich selbst, und drinnen im Königspalast ist ihr Schicksal schon besiegelt. Die ganze Erzählung besteht aus dem inneren Monolog der Gefangenen. Agamemnon, der Sieger von Troia, konnte sich nicht versagen, die höchste Trophäe für sich selbst zu fordern. Nun hat er sie mit nach Griechenland geschleppt. Ihre Heimat ist besiegt und untergegangen. Kassandra, die Königstochter von Troia, die Priesterin des Apollon, die Seherin, resümiert ihr Leben.

Sie erwartet den Tod mit unausweichlicher Sicherheit. Doch zuvor muss sie sich ihrer selbstgewählten Aufgabe unterziehen: herauszufinden, was da geschehen ist in den Jahren des schrecklichen, zehnjährigen Krieges um ihre Heimatstadt in Kleinasien, die die Griechen unbedingt zu erobern geschworen hatten, koste es, was es wolle. Bevor die Mörder kommen im Auftrag der Königin Klytaimnestra, bebend vor Hass und Rachegier, muss sie der Wahrheit ins Auge sehen und sich eingestehen, warum sie die Sehergabe unbedingt wollte – so unbedingt, dass sie alles andere dafür zurückstellte, den Rückhalt in der Familie, die Liebe von Vater und Mutter, des Königspaares Hekabe und Priamos, ja selbst die Liebe zu Aineias.

Einem Monolith ähnlich, so sitzt Kassandra vor dem Löwentor: äußerlich unbeweglich, während in ihr die Wucht des Schmerzes tobt. Sie verschwindet vollkommen in sich selbst. Die Endlichkeit ihres Daseins. Die Letztendlichkeit.

Mit keinem spricht sie mehr ein Wort, nicht mit ihren Kindern, den Zwillingen, die man auch hierher verschleppt hat, nicht mit Marpessa, der Amme. Vor den Bildern, so weiß sie, sterben die Worte. Diese Bilder aber laufen in ihrem Inneren ab, unaufhaltsam, unwiederbringlich. Da ist sie ganz Seherin. Die Nacht ist ihren Gedanken günstig. Ihre letzte Nacht, an deren Ende der Tod steht. Der Tod wird eine Frau sein. Ein emailleschimmernder Himmel über ihr erinnert sie an Troia. Dieses Detail ist wichtig, setzt ihren Gedankenlauf in Gang. Nun hindert sie nichts und niemand mehr daran, das Letzte wissen zu wollen. Ganz zurückgezogen auf das eigene Innere, steht ihr das Tor der Selbsterkundung offen. Ein schmerzhafter Weg, der aber befreiend sein wird und der schließlich ins Offene führt.

Nur wenige Stunden bleiben Kassandra für einen Weg, der für andere ein ganzes Leben dauern kann. Sie jedoch, die Scharfsichtige, die Seherin, muss es vollbringen in kurzer Zeit. Sie sieht mehr als andere, weil sie schärfer denkt. Weil sie sich nichts vormachen lässt und sich selber nicht belügt. Weil sie genau hinschaut und die eindeutigen Zeichen richtig deutet. Das ist das Geheimnis ihrer Sehergabe. Der Gott Apollon hat sie einst der blutjungen Frau verliehen – da war es wie ein Pakt: Du wirst die Zukunft vorhersehen, aber niemand wird dir glauben … Nicht von ungefähr assoziiert diese Übereinkunft den Teufelspakt zwischen Faust und Mephisto. Oder auch den zwischen Thomas Manns Romanfigur des deutschen Tonsetzers Adrian Leverkühn und seinem Teufel im Roman »Doktor Faustus«. Dieser sollte, wenn ihm dafür die Gabe des Außergewöhnlichen verliehen würde, nie mehr lieben dürfen. Auch er ging diesen Pakt ein, wie Kassandra. Nun ist sie zum Sehen verdammt.

Warum also wollte Kassandra die Sehergabe unbedingt? War sie vermessen, eitel, machthungrig? Wer war Kassandra, so fragt die Autorin, ehe die schriftliche Überlieferung uns ein Bild von ihr vorgab? Christa Wolf stellt sich diese und viele andere Fragen in ihren Frankfurter Vorlesungen, die sie im Frühjahrssemester 1982 an der Goethe-Universität Frankfurt am Main gehalten hat. Damit begibt sie sich auf die Spur dieser weiblichen Mythengestalt. Sie will herausfinden, ob die Überlieferung, da sie ja ausschließlich durch männliche Verfasser aufgeschrieben wurde, durch mehr als zwei Jahrtausende die Figur verändert, die real denkbare Frau hinter dem Mythos unkenntlich gemacht hat. Wie könnte diese Kassandra wirklich gelebt haben, wie könnte der Alltag einer Priesterin im antiken Troia ausgesehen haben? In ihrer Erzählung (1983) versucht die Schriftstellerin nun, die möglichen Grundmuster einer solchen Existenz nachzugestalten, ihrer Kassandra-Figur Stimme, Psyche und Gestalt zu leihen, ihr nach-zudenken.

Kassandra, vor dem Löwentor hockend, legt sich vor dem sicheren Ende Rechenschaft ab über ihr zurückliegendes Leben. So erzählt sie sich gewissermaßen selbst die wesentlichen Stationen des Weges. Die Autorin lässt ihr die eigene Stimme bis zum Schluss. Mit der Erzählung, so Kassandras feste Überzeugung, gehe sie in den Tod. Wie mag sie sich fühlen in dieser Nacht? Ist sie von Angst geschüttelt? Oder eher abgestumpft, gleichgültig? Schwankt Kassandra unter der Last der Erinnerung? Wie kann es ausgesehen haben in einer Frau, die so viel hinter sich hat – und ihren Tod vor Augen? War nicht von *Schmerz*, ja sogar von *Wonne* die Rede, als sich die Frage so klar und scharf in ihr formt: *Warum wollte ich sie Sehergabe unbedingt?*

Einen dringenden Wunsch aber hat sie noch – und sie weiß, es ist ein aberwitziger Wunsch: Am liebsten würde sie Klytaimnestra anflehen, ihr einen Schreiber zu schicken, der festhält, was sie zu sagen hat. Oder besser noch: eine junge Sklavin, die im Gedächtnis behalten wird, was sie ihr anvertraut, und es später weitergibt. Und obgleich sie ahnt, wie illusorisch dieser Wunsch ist – sie würde sich dafür niederwerfen vor der fühllosen Königin. Das Bedürfnis, etwas zu überliefern, eine Botschaft an die Nachgeborenen zu hinterlassen, ist stärker in ihr als alles andere, stärker selbst als der Instinkt, sich schützend vor ihre Kinder zu stellen, ihnen bis ans Ende nahe zu sein. Sie vermag sich keine grausamere Strafe vorzustellen, als unterzugehen, ohne Zeugnis ablegen zu können, ohne die eigene bittere Erfahrung an die weiterzugeben, die nach ihr kommen. Denn ein Leben ohne Fortsetzung ist ein Leben ohne Sinn. Anna Seghers, selbst eine große Mythenerzählerin in der deutschen Literatur des 20. Jahrhunderts, hat Anfang der 70er Jahre in ihrer Erzählung »Steinzeit« eben diese Konstellation zum Dreh- und Angelpunkt gemacht: Die schlimmste Strafe, die der Hauptfigur Gary, einem ehemaligen Vietnam-Soldaten, einem Im-Stich-Lasser, vorbehalten bleibt: Aus dem Gedächtnis der Mitmenschen getilgt zu werden, für jetzt und immer, keine Spur in der Nachwelt zu hinterlassen, mit keiner Silbe mehr von irgend jemandem erwähnt zu werden. Diese Rigorosität muss Christa Wolf stark beeindruckt haben.

Doch in jener letzten Nacht ihres Lebens erliegt Kassandra der Selbsttäuschung nicht. Keiner wird, sie weiß es, ihre authentische Erfahrung aufschreiben und weitergeben. Ihre Gefühle muss sie durch Denken besiegen, durch scharfes, unbeschönigendes Denken. Sie will Zeugin bleiben bis zum Schluss, auch wenn es niemanden geben würde, der ihr ihre Erkenntnis abverlangt. »Nie war ich lebendiger als in der Stunde meines Todes, jetzt«, so Kassandras Einsicht.

In ihrer Erzählung »Kein Ort. Nirgends«, wenige Jahre zuvor entstanden, lässt Christa Wolf die Gestalt der Dichterin Karoline von Günderrode im Zwiegespräch mit Kleist plötzlich begreifen, wie manche Leute zur Sehergabe kommen: Ein scharfer Schmerz oder eine starke Konzentration erleuchtet die Landschaft ihres Inneren, so denkt sie, und lässt sie mit einem mal erkennen, was andere trotz aller Anstrengung nie begreifen werden. So muss es auch mit Kassandra, der Seherin, gewesen sein: Von einem bestimmten Punkt ihres Lebens an, als sie genau und überscharf beobachtet, lässt sie sich durch nichts mehr täuschen. Sie hat erkannt: Alles, was die Menschen wissen müssen, wird sich vor ihren Augen abspielen, doch sie werden nichts sehen. Das unterscheidet die Seherin von den anderen. Immer wieder in der Geschichte ist es so: Lieber belügen sie sich selber, als die eingefahrenen Muster zu verlassen, ihren Weg zu korrigieren. Warum nur lernen die Menschen nichts aus den Versäumnissen der Vergangenheit, warum können sie die oft unter Schmerzen gemachten Erfahrungen nicht in ein verändertes Zukunftswissen und Handeln umsetzen? Auch Kassandra kann diese Frage nicht beantworten.

Mit einem Schlag hat sie begriffen, worum es in Wirklichkeit geht während der dramatischen Auseinandersetzungen in ihrer Heimatstadt Troia. Nämlich um den Krieg, zu führen um den Zugang zum Hellespont und damit um die Vorherrschaft über die Dardanellen. Worauf es ihr ankommt, selbst auf die Gefahr hin, den König, ihren Vater, gegen sich zu haben: Es ist die Demontage der scheinbaren Unausweichlichkeit des Krieges. Als viele noch meinen, sie sehe Gespenster, wenn sie auf die Zeichen von »Vor-Krieg« hinweist, ist sie überzeugt: Wenn man der Sache jetzt nicht mit aller Kraft Einhalt gebietet, wird es zu spät sein. Das Ende der Zivilisation steht drohend am Horizont. Es ist nicht das private Glück, um das die Seherin fürchtet, ihre Gemeinschaft mit Aineias, nein, der Untergang ihres Volkes steht auf dem Spiel.

Kassandra hat eine Vision, nicht anders als die Figur Christa T. eine Vision gehabt hat: Der Mensch soll sich erkennen können, um sein Leben nicht blind wie das Vieh vergehen zu lassen, sondern es zu gestalten. Für sich selber bedeutet es, sie muss erkennen, wer wir waren, um zu begreifen, wer wir sind. Ein immer wiederkehrendes Hauptmotiv bei Christa Wolf.

Kassandra kommt sich selber immer näher, während sie auf ihrem schweren Weg der Selbsterkenntnis vorangeht. Ein arger Weg, zweifellos. Wann war sie sich, ihrem Wesen, ihrer Grunderfahrung, schon einmal so nahe wie jetzt, kurz vor dem Tod? Damals, kurz *nach* dem Tod, als der König, ihr Vater, sie in die Grube geschickt hatte. Es war ihre Hadesfahrt, die Strafe für ihre Aufsässigkeit. Sie hatte den Regierenden widersprochen, gemahnt und gewarnt vor dem Krieg, den sie kommen sah. Sie war in einen Weidenkorb gesperrt worden, in einen Brunnenschacht, ins Dunkle, in die absolute Isolation. Sie sollte büßen. Bereuen. Zur Vernunft kommen. Den Eltern gehorchen. Nachgeben. Sie glaubte, es sei der Tod, dem sie ausgeliefert wurde. Sie verlor die Besinnung und alle Empfindung, die für den Ort, für die Zeit, für das Licht. Aus einer solchen Tiefe kann eigentlich niemand wieder auftauchen. Kassandra aber wurde irgendwann herausgeholt.

Dich musste man hertragen, sagt ihr Arisbe später, als sie allmählich wieder gesund wird. Freiwillig bist du ja nicht gekommen ... Da war sie schon gerettet, war in den Höhlen am Idaberg, dort, wo die Frauen frei und unverstellt zusammen lebten; wo sie eine andere Art von Zusammensein gefunden hatten, in der nicht einer den anderen zu beherrschen bestrebt ist. Das ungebundene Leben in den Höhlen, das sie sich selber geschaffen haben. Das ihnen gemäß ist. Die Frauen am Idaberg sind ohne Argwohn gegeneinander. Eine besondere Atmosphäre zwischen ihnen: schwesterliches, neidloses Wohlgefallen aneinander, nicht ohne eine sinnliche Komponente. Keine trennenden Interessen, keine Aggressionen gegeneinander bringen etwas Falsches in ihr Zusammenleben.

Da erst begreift Kassandra, was damals in ihr vorgegangen war. Sie wollte Priesterin werden, um Macht zu gewinnen. Nicht Macht wie das Königshaus, sondern Macht, um von den anderen gehört zu werden, um ihnen etwas sagen zu können, das sie befolgen sollten. Um durchzusetzen, was sie für vernünftig hält. Und sie wird sich über den fatalen Hang, sich zu rechtfertigen, klar. Welche Frau kennt das nicht? Immer wieder sind es die Frauen, die glauben, sich rechtfertigen, sich entschuldigen und ihre Motive begründen zu müssen. Die Männer nicht, ihnen kommt ein solcher Gedanke kaum. Es ist zugleich die Frage: Sind wir Heutigen denn anders geworden in den mehr als dreitausend Jahren der

Geschichte, die seitdem in unserer abendländischen Kultur vergangen ist?

Christa Wolf nimmt den Kassandra-Mythos, um durch die Schichten der Überlieferung hindurch die Gestalt zu *entmythologisieren,* das heißt, sie will diese frühe Frauenfigur mit all den Zuschreibungen, die an ihr haften, zurückführen auf die möglichen Beweggründe einer Frau in den sozialen und historischen Koordinaten ihrer Epoche. Ein kühnes Unternehmen, groß gedacht. Und tatsächlich kommt uns im Buch eine weibliche Figur entgegen, die man so menschlich, so individuell in der Gegenwart nicht lebendiger erfassen könnte. Sie ist eine Frau, die lieben kann und geliebt werden will. Doch am Ende muss sie sich ganz zurücknehmen.

Was macht für uns Heutige den Reiz des Mythos aus? Warum rührt uns eine solche Geschichte so viel stärker an, als es vielleicht eine Gegenwartshandlung vermag? Franz Fühmann, auch er ein Freund der Schriftstellerin, einer, der sich lange und intensiv mit der Wirkung der Mythen beschäftigt hat, verweist in seinem großartigen Essay »Das mythische Element in der Literatur« gerade darauf, dass der Mythos Grundmuster menschlicher Erfahrungen ins Bild, in den bildhaften Vergleich kleiden und so dem Leser oder Hörer Trost spenden und Hilfe geben kann, sein eigenes Leid oder sein eigenes überwältigendes Glück auszuhalten. Worunter der Einzelne sonst, weil es für ihn unerklärlich und unfassbar ist, zusammenzubrechen droht, das kann ihm das Inbezugsetzen zum Mythos ertragbar machen.

Kassandra ist die Königstochter, die Priesterin, die Hochgestellte, beinahe Unnahbare, und zugleich ist sie die Verstoßene, die Gedemütigte, die zur Kriegsbeute gemachte Gefangene, die Liebende auch und Mutter ihrer Zwillinge.

Das macht sie für uns erkennbar, rückt sie in unsere Nähe. In ihrer tiefsten Demütigung wie in ihrer höchsten Erhobenheit ist sie ein Mensch, mit dem wir empfinden können.

Kassandra muss weiterdenken, bis sie das ganze Ausmaß der Katastrophe erkannt hat, die Barbarei des Krieges. Der Strom ihres Bewusstseins, ihrer Erinnerung führt uns durch die Geschichte, bis ans Ende, da Kassandra vor dem Löwentor von Mykene sitzt und ihren Tod erwartet. Es ist eine bittere Geschichte, und doch voller Hoffnung, die aufscheint in dem weiblichen Stolz der Figuren um Kassandra und Marpessa, Penthesilea und Myrine. Die Autorin selbst ist eine Mahnerin wie ihre mythologische Figur.

Niemals wird Kassandra durch dieses Tor eintreten, das zur Königsburg führt, bewacht von den beiden Löwen. Hinter den Mauern liegt eine andere Welt, die sich als eine feindliche gibt. Man sperrt sie aus. Sie, die erbeutete Besiegte. Doch Kassandra versteht die anderen nicht als ihre Feinde. Nicht einmal diese Königin Klytaimnestra. Die wäre ihr in anderen Zeiten durchaus eine Schwester gewesen, verwandt in der Haltung, der Verachtung des *Trottels* Agamemnon, in der Tiefe der Erkenntnis. Sie sieht, es sind Menschen wie in ihrer eigenen Heimat Troia, ein Volk, das vom Krieg ebenso getroffen wurde wie sie. Es kommt freilich darauf an, auf welcher Seite der Mauer man sitzt: drinnen oder draußen, auf der Seite der Sieger oder der Besiegten. Darüber macht sie sich keine Illusionen. Doch sie erkennt, schärfer als all die, die im Siegesrausch taumeln: Wenn sie aufhören könnten zu siegen, würde ihre Stadt blühen und eine Zukunft haben; nur dann. Zugleich aber ist ihr bewusst: Die Sieger werden niemals aufhören, sie werden besessen sein davon, weiterzumachen, den Gegner auszulöschen, und das wird das Ende sein. Immer wieder in der Geschichte hat sich diese Entwicklung gezeigt: Große mächtige Reiche gehen unter, weil der Drang, andere Völker in ihrer Nähe zu besiegen, zu beherrschen, stärker ist als alle Vernunft. Kassandra sieht, was die Menschen nicht begreifen, dass es zwischen Töten und Sterben ein Drittes gibt: Leben. Diese Erkenntnis wurde ihr selber zuteil im Zusammensein mit den Frauen, dort, in den Höhlen am Skamandros. Es war ihr eigenes Überleben.

Zeitschichten

Ihre älteste irdische Verkörperung aber scheint der sagenhafte Jason aus dem »Argonautenschiff« zu sein: Gelassen, kühn, frei sind sie, ungerührt durch die Schicksale, die sie heraufbeschwören. Unbeschwert von irdischen Bindungen. Kühl. Nüchtern. Allein. Zum Abenteuer bereit. Gebrannt von der Gier nach Leben: ein Grundtyp, den die Seghers aus archaischen Zeitaltern in die Industriegesellschaft unseres Jahrhunderts herüberholt und der sich in dieser ihm merkwürdig fremden Umwelt auf diejenige Seite schlägt, die ihm Möglichkeit zu leben verspricht.

Christa Wolf ist fasziniert von den Gestalten der Erzählerin Anna Seghers, und sie erkennt die innere Verwandtschaft jener Männerfiguren, die vom Frühwerk in den zwanziger Jahren bis ins späte Werk reicht: Hull aus dem »Aufstand der Fischer von St. Barbara« (1928), Grubetsch, Woytschuk aus den »Bauern von Hruschowo«, Koloman Wallisch aus dem Roman »Der Weg durch den Februar« (1935) über den österreichischen Aufstand von 1934, Georg Heisler aus dem weltberühmten Roman »Das siebte Kreuz« (1942). Vor allen anderen aber meint sie die Sagengestalt Jason aus der Novelle

»Das Argonautenschiff« (1949), diesen Unbehausten, der mit seinem Schiff »Argo« aufbricht, das Goldene Vlies aus Kolchis zu rauben und nach Griechenland zu bringen. Die Göttin Pallas Athene selbst hatte beim Bau der »Argo« eine Planke eingefügt, so dass er in ihrem Schutz segelt. Mit seiner Geliebten, der zauberkundigen Königstochter Medea, gelingt ihm das Unwahrscheinliche, und fortan trägt er um seine Schultern das golddurchwirkte Widderfell, das ihn unverletzbar macht, alterslos und unerreichbar für alle Unbilden der Zeit. Medea, die Mutter seiner Söhne, bleibt später an seinem Weg zurück wie ein Gegenstand, den man fast unbemerkt verliert. Viel ist über Medea bei Anna Seghers nicht die Rede. Fast könnte man meinen, sie bedeute Jason nichts. Er fühlt sich bald angewidert von ihrer Liebe und zähen Anhänglichkeit. Eines Tages erkennt er, aus seiner jungen, geliebten »beerenäugigen Zauberin« war eine »erwachsene Hexe« geworden. Jason, der Jahre und Jahrzehnte, vielleicht Jahrhunderte weiterlebt, ohne dass er altern könnte, wird der unausgesetzten Wiederkehr des ewig Gleichen bald überdrüssig. Er durchläuft seinen Erdenkreis ohne Aussicht, dass irgendwann etwas ganz anderes auf ihn zukommen würde, ohne Aussicht auch auf einen alltäglichen Tod, wie er allen Menschen bevorsteht. Doch dann, unerwartet, tritt das Einmalige ein: Er sieht sein Schiff wieder, die »Argo«, die, mit Seilen an einem starken alten Baum aufgehängt, im Heiligen Hain zur Verehrung aufbewahrt wird. Und mit einem Mal dringt die Erinnerung, lange weggeschoben, in sein Bewusstsein: Da waren zwei Frauen in seinem Leben, die eine Rolle für ihn gespielt haben, die Mutter und Medea, seine Liebste. »Er war aber später auch über ihren Tod am Verzweifeln, wie bei der Rückkehr über den Tod der Mutter. So viele Opfer, wie ihm diese beiden Frauen gebracht haben, waren unwiederholbar, unwiederbringlich.« Auf einmal spürt Jason, wie stark die Kraft der Frauen war, die seinen Weg begleitet haben.

Christa Wolf hat diesen Essay 1983 als Nachwort zu einer Ausgabe »Ausgewählte Erzählungen« von Anna Seghers geschrieben, die sie bei Luchterhand herausgegeben hat, übrigens im Todesjahr der Seghers. Sie macht die mythische Dimension deutlich, die das Werk der Erzählerin von Anfang bis Ende durchzieht. Alle Welt sei ja bei Anna Seghers gleichzeitig auch mythische Welt, wie Hans Mayer, Christa Wolfs Universitätslehrer, einmal gesagt hat. Jahre später wendet sie sich selber der Medea-Figur zu und schreibt 1996 ihren Roman »Medea. Stimmen«. Sie wird eine ganz andere Sicht auf die aus dem Mythos überlieferte Frauengestalt haben. Und vielleicht ist ihre Medea auch eine literarische Antwort auf den Jason der Seghers, der zu spät erkennt, was er der Frau verdankt.

Gebrannt von der Gier nach Leben, so charakterisiert Christa Wolf jene Seghersschen Männerfiguren. Ein ungeheurer Satz, der sagt, dass sie soviel wie möglich vom Leben in sich einsaugen müssen, alles aufnehmen, was ihnen erreichbar ist, ja sogar vom Leben anderer. Gierig nach Leben, das sind auch viele literarische Figuren der Christa Wolf selbst: ihre Christa T., die sich Leben anverwandeln muss, weil sie *nur schreibend über die Dinge kommt*. Oder Kassandra, die *die Sehergabe unbedingt* erlangen will, um Einfluss auf andere Menschen zu bekommen. Nicht zuletzt Karoline von Günderrode, über deren Bedürfnis, *Leben und Schreiben in Einklang zu bringen*, Christa Wolf in ihrem Essay »Der Schatten eines Traumes« nachdenkt. So steht die Spätere im Dialog mit den Gestalten der Früheren.

Die Einsamkeit solcher Menschen fällt ins Auge, die diese unsagbare Gier nach Leben in sich fühlen. Um sie herum ist leerer Raum. *Kühl, nüchtern, allein*, so kennzeichnet Christa Wolf einen Wesenszug derer, die ihrem inneren Gesetz folgen müssen, koste es sie, was es wolle. Und so muss jener Hull die Fischer von St. Barbara zum Aufstand anstacheln, selbst wenn die Erfolgsaussichten gering sind, denn er weiß, nur indem sie sich gegen die unmenschlichen Lebensbedingungen zu Wehr setzen, können sie ihr Menschsein bewahren. Eine wie Kassandra kann nicht tatenlos zuschauen, wie ihre Landsleute, die Troer, sehenden Auges in ihr Unglück rasen, in einen sinnlosen, weil nur vom Wahn der ökonomischen Vormachtstellung bestimmten Krieg. Immer sind sie *allein,* ganz auf sich gestellt, oft beargwöhnt oder verhöhnt von den anderen, auch angefeindet und ausgegrenzt – wie Medea, die, weil sie eine Fremde ist und der Heilkräfte mächtig, zum Sündenbock gestempelt wird.

Das ist es, was die Erzählerin Christa Wolf an den überlieferten Gestalten interessiert: dieses innere Gesetz, dem sie zu folgen gezwungen sind, und vor allem die Art und Weise, wie sie sich ihrem Stern fügen. Jason, bei Anna Seghers, ist einer, der nach seinem unendlich langen Lauf durch die Zeiten nur noch darin lebt, was er in anderen Menschen bewirkt. Nur indem er sie in ihr Schicksal stößt, sie dazu bringt, ihrem Weg zu folgen, ist er noch lebendig. Und nur das lässt ihn im Leben aushalten. Ob er Liebe auslöst bei dem zärtlichen jungen Mädchen oder Vertrauen wie bei dem Knaben, der ihn an seine eigene Kindheit bei einem bösen Verwandten erinnert – immer ermutigt er andere Menschen, über ihren Schatten zu springen, aus dem vorgezeichneten, monotonen und grauen Alltagsdasein auszubrechen in eine verheißungsvolle Zukunft, selbst auf die Gefahr hin, dass der Tod ihren Weg kreuzt. Und am Ende von Jasons Gang durch den Tag, als er nach vielen Umwegen in seine alte Heimat zurückkehrt, legt er das Goldene Vlies ab, das er so lange auf den Schultern getragen hatte. Mit seiner nackten Haut muss er die lebendige, warme, mütterliche Heimaterde berühren, und in diesem Moment, unter dem Wrack seines Schiffes »Argo« liegend, spürt er zum ersten Mal wieder das wirkliche Leben. Er bekommt sein junges, menschliches Gesicht wieder, wie er es nur in seiner echten Jugend hatte, als er mit seinen kühnen Gefährten über das Meer gesegelt war. Und nun kann Jason den Tod erwarten, den wirklichen, menschlichen Tod, der den Gegensatz bildet zu seiner ewigen, aber künstlichen Jugend. Auch darin, dass er diesen eigenen Tod sucht, zeigt sich Jasons *Gier nach Leben*. So paradox das klingen mag, Christa Wolf versteht genau, was die Seghers meint: Das menschliche Leben vollendet sich in seinem natürlichen Lauf zwischen Geburt und Tod. Alles andere aber, was einem ein Goldenes Vlies verleihen kann, ewige Jugend, Schutz vor allem, was Menschen zusetzt an Krankheit und Leid, das gerade macht einen un-menschlich. Jason, nach all den ruhelosen Jahren, hat sein Schicksal angenommen: Ein ganzes Leben und ein ganzer Tod. Er will ein Mensch sein. Und so kann Christa Wolf jene Gestalten erkennen, die *gelassen, kühn, frei* sind, frei auch von Ängsten und Kleinmut. Die bereit sind, auf sich zu nehmen, was das wirkliche Leben ihnen bereithält.

Krankheit und Liebesentzug

Ich weiß nicht, wie lange der historische Moment noch andauern wird, da Frauen, weniger eingeübt in die Techniken der Anpassung und der Abtötung ihrer Gefühle als viele schärfer gedrosselte Männer, ihren Gefühlen noch freien Lauf lassen.

Christa Wolf hält einen Vortrag auf einer Tagung über psychosomatische Medizin, genauer gesagt über psychosomatische Gynäkologie, im November 1984 in Magdeburg. Sie, die Schriftstellerin, spricht vor ausgewiesenen Fachwissenschaftlern, und zu spricht zu ihnen über literarische Beispiele, über Autoren und deren Figuren. Erstaunlich? Oder doch eher naheliegend? Seit jeher gelten Dichter als Kenner der menschlichen Psyche, als Spezialisten für Seelenzustände. Die Sprache der Literatur scheint es doch zu sein, so Christa Wolf in ihrer Büchnerpreis-Rede, die dem Menschen heute am nächsten komme, die ihn am besten erkenne. Und sie befragt die Literatur nach Indizien für den *Zusammenhang zwischen Krankheit und Liebesentzug*. So ihr selbstgewähltes Thema, mit dem sie messerscharf in die Problematik einschneiden kann, dass Frauen noch immer häufiger, direkter, jedenfalls aber anders krank werden als Männer.

War es nicht schon Kassandra, die absichtsvoll in den Wahnsinn getrieben wird, als sie die Welt der herrschenden Übereinkünfte nicht mehr akzeptiert? Sind Frauen in der Geschichte nicht immer wieder gezwungen worden, sich zurückzunehmen, auf einen Teil ihrer Identität zu verzichten, um überleben zu können? Ein schlagkräftiges Beispiel liefert Brecht in seinem frühen Stück »Trommeln in der Nacht«. November 1918 in Berlin: Die Soldaten kommen von der Front und wollen wieder zu ihren Familien. Da ist auch Kragler, der seine Freundin Anna sucht. »Ich bin allein gewesen und will meine Frau haben«. Der Anspruch des Mannes. »Geh her«, sagt er zu Anna. Doch sie ist inzwischen schwanger von einem anderen, ein böses Omen. Sie will jedoch bei ihrem Kragler bleiben. Vier lange Jahre hat sie, trotz Vermisstennachricht, auf ihn gewartet, und sie ist froh, ihn heil wiederzubekommen. »Her, Anna! Sie ist nicht unbeschädigt, unschuldig ist sie nicht, bist du anständig gewesen oder hast du einen Balg im Leib?« Und was antwortet die Frau ihm, was kann sie einzig tun, damit er sie nicht verstößt? »Ich will mich ganz dünn machen«, erklärt sie – wenn Kragler sie nur mit sich nimmt. Sie wird sich anschmiegen, von sich selber absehen, sich *ganz dünn machen,* bis zur Selbstverleugnung. Eine typische Konstellation, die der Dichter Brecht da sehr genau erfasst. Dieses Beispiel zieht Christa Wolf nicht heran, doch andere, ebenso treffende. Und auch diese von männlichen Autoren, die die weibliche Seele und das Machtverhältnis zwischen den Geschlechtern scharf durchschauen, Gustave Flaubert etwa mit seiner Madame Bovary oder Christoph Hein mit seiner Claudia, der Hauptfigur im Roman »Der fremde Freund«. Besonders diese Frau, Ärztin von Beruf, erfolgreich und scheinbar lebenstüchtig, hat viele Leser verstört, als das Buch 1982 erschien. Eine Person, die sich, um Leid und Schmerzen zu vermeiden, auf ein »Nicht-mehr-Fühlen« heruntergeschraubt hat, die sich hinter einem Panzer aus Gleichgültigkeit verschanzt, um von männlicher Lieblosigkeit nicht verletzt zu werden. »Meine Haut ist in Ordnung. Was mir Spaß macht, kann ich mir leisten. Ich bin gesund. Alles was ich erreichen konnte, habe ich erreicht. Ich wüßte nichts, was mir fehlt. Ich habe es geschafft. Mir geht es gut.« Natürlich eine scheinbare Schutzhülle, denn kein Mensch wird unverletzbar, wenn er sich seine Gefühle versagt, das Wichtigste, was ihn zum Menschen macht. Erschütternd, dieser Zynismus. Wie ist diese noch junge Frau so geworden? Sie redet sich ein, alles zu haben. Nur eines fehlt ihr: ein Mensch, zu dem sie gehört. Es ginge ihr gut, behauptet sie. Aber wie kann es ihr gut gehen, wenn doch die Liebe fehlt, ein Mensch, dem man ganz vertrauen kann, dem man sich öffnen würde, mit dem man wieder gesunden könnte. Denn sie ist krank, das meint die Autorin hier. Krank durch Liebesentzug.

Im neunzehnten Jahrhundert war der Rückzug von Frauen, die keinen Ausweg für sich sahen, eine typisch weibliche Krankheit. Sie hieß Hysterie, eine krankhafte Eigentümlichkeit des weiblichen Geschlechts. Da sahen Ärzte die Symptome und fragten nicht nach den Ursachen. Die aber liegen offen zu Tage, wenn man nur hinsehen will. Es waren gesellschaftliche Zustände, die den Frauen, kaum dass sie begonnen hatten, sich freier zu entwickeln (wie die Frauen in den Freundeskreisen der Romantik), die möglichen Räume und Wege ihrer Identitätsfindung gleich wieder abschnitten. Kluge, intelligente Frauen galten den Männern in erster Linie als eines: unweiblich. Waren sie zu gebildet, drohte Gefahr. Die Furcht, sie könnten ihnen gar überlegen sein, wirkte lähmend. Dann wurden sie als Frau kurzerhand abgelehnt. Christa Wolf schreibt davon, wie sie sich in das Lebensgefühl der jungen Frauen zur Zeit der Romantik hineinversetzt, die gerade entdeckt hatten, dass sie ebenso klug wie ihre berühmten Männer sind, ebenso wissbegierig und darauf aus, sich das Leben und eine Position in der Gesellschaft zu erobern, trotz aller alten Normen und Regeln. Einige Frauen dieses Freundeskreises sitzen beisammen und lesen Schillers Gedicht »Die Glocke«. Caroline Schlegel, heißt es da, fällt vor Lachen vom Stuhl, als sie bei der Zeile angelangt sind: »Und drinnen waltet die züchtige Hausfrau.« Doch dann, schreibt Christa Wolf weiter, kommt die Zeit der Karlsbader Beschlüsse: Restauration, Demagogenverfolgung, Biedermeier – und drinnen waltet die züchtige Hausfrau. *Da mag den Frauen das Lachen vergangen sein.* Die Restauration in Europa, Biedermeierzeit und Gründerjahre: eine Zeit für Männer. Sensible, kreative Frauen blieben oft auf der Strecke. Ihnen stand eines offen: Flucht in die Krankheit. Gut, sollte man meinen, das war damals, in einer Zeit, die längst vergangen ist. Doch die Literatur spricht eine andere Sprache, weil das Leben etwas anders beweist. Auch heute werden Frauen krank, körperlich krank, schwer krank im medizinischen Sinn, wenn die Liebe ausbleibt.

Erinnern wir uns der frühen Erzählung »Unter den Linden«. Da wird die Studentin krank, weil der Mann, den sie liebt, sich nicht auf Gefühle einlassen will. Die bindende Verabredung, heißt es schon dort, *das Ausbleiben der Liebe sei nicht tragisch zu nehmen*, macht die junge Frau unfähig zu leben. Sie will, sie kann sich darauf nicht einlassen. Es bleibt ihr wiederum nur das eine: Flucht in die Krankheit. Ihr Körper versagt den Dienst. Das körperliche Funktionieren oder Nichtfunktionieren als Indiz für das Ausbleiben der Liebe.

Immer wieder in Christa Wolfs Geschichten sind es Frauenfiguren, die so reagieren: Wir, so gesteht die Ich-Erzählerin ihrem Vertrauten, können uns *nur durch Liebe mit der Welt verbünden*. Ein schönes, wichtiges Motiv, das sich durch die Prosa der Autorin zieht. In vielfachen Varianten erzählt sie diese Konstellation: Einer, der mit aller Kraft seines Lebens liebt, und ein Gegenüber, der diese Herausforderung nicht annimmt, sich starken Emotionen einfach nicht aussetzen will. Eine Todsünde unserer modernen Zeit.

Störfall

Nicht unvorbereitet, doch ahnungslos werden wir gewesen sein, ehe wir die Nachricht empfingen. War uns nicht, als würden wir sie wiedererkennen? Ja, habe ich eine Person in mir denken hören, warum immer nur die japanischen Fischer. Warum nicht auch einmal wir.

Wiedererkennen kann man doch nur etwas, das man schon einmal erlebt hat. Oder zumindest einmal gedacht hat. Eine Schreckensnachricht wiedererkennen? Aber da ist der Konjunktiv, *als würden wir sie wiedererkennen.* Den darf man nicht überlesen, er verweist die Annahme in den Bereich der Vorstellung.

Das Unglück geschieht dem erzählenden Ich in doppelter Weise, im Kleinen, Privaten wie im Großen, das die ganze Welt betreffen wird: Die gefährliche Hirnoperation des Bruders, der Supergau eines Atomkraftwerks in Tschernobyl. Es ist Frühjahr 1986.

Der akribisch beschriebene Tagesablauf der Erzählerin in ihrem Sommerhaus in Mecklenburg, allein, scheinbar weit ab von der Zivilisation, außerhalb der Stadt zumindest, in der die ihr nächsten Angehörigen leben. Sie ist an diesem Tag ganz für sich allein. Sie spricht mit sich allein, sie unternimmt alles, was sie tut, allein, sie isst und schläft allein. Wenn sie durch das Dorf geht, begegnet sie keinem. Das passt präzise ins Erlebnisbild. Die menschenleere, wie ausgestorben wirkende Welt ist vielleicht, unausgesprochen, ja noch nicht einmal gedacht, ein Symbol der Apokalypse, die als ein Subtext im ganzen Buch mitschwingt. Hellsichtig erkennt die Ich-Erzählerin alle Zeichen, die sichtbar werden, ohne sie doch schon zu verstehen. Ein schlimmer Tag. Die bösen Ahnungen. Die Schwingungen, die das Unheil ankündigen, das der Menschheit bevorsteht, sie werden *gesehen*. Dafür ist sie Schriftstellerin. Ihr Beruf prädestiniert sie zum übergenauen Beobachten, zum Registrieren und Dokumentieren. Sie kann gar nicht anders, als alles um sich herum aufzunehmen, mit scharfem Blick und dünner Haut. Abgehärtet aber ist sie deswegen nicht, nicht gefeit gegen Verzweiflung, Schreckensvisionen, die nackte Angst.

Sie versucht ihr zu begegnen mit den alltäglichen Verrichtungen im Haus, in der Küche. Sie hält sich an den kleinen Dingen in ihrem Umfeld fest, einem Salatbesteck aus Olivenholz, nur um nicht ganz und gar den existentiellen Fragen ausgeliefert zu sein – dem Gedanken: Was könnte geschehen? Irgend etwas muss einem Halt geben. Das Warten auf die Nachricht über die Operation des Bruders zerrt an den Nerven. Dann, auf einmal, der Ausbruch von Wut – aus Hilflosigkeit, aus schierer Ohnmacht. Sie kann nichts tun als warten. Das Gefühl des Ausgeliefertseins.

Man sieht sie dort stehen in ihrem Haus, die Hände beschäftigt mit Beliebigem, während die Gedanken wie in einem feurigen Wirbel kreisen. *Bloß die Nerven,* sagt sie sich.

Wie verhält sich der Mensch in einer solchen Situation, zurückgeworfen auf sich selbst, und von nirgendwo kommt Hilfe? Wie wird er fertig mit einer Grenzsituation, in der alles auf des Messers Schneide steht? Beinahe möchte man beten. Wenn da doch einer wäre, eine höhere Instanz, an die man sich wenden könnte in seiner Not: *Soll doch alles wieder so sein, wie es vorher war.* Der inständigste Wunsch, den die Erzählerin hat. Möge das Unglück nicht geschehen sein, die Gefahr nicht über dem Leben des Bruders schweben.

Doch der *Störfall* ist ja eingetreten, der den ruhigen, normalen Fluss der Zeit auf einen Schlag zerstört. GAU, Abkürzung für Größter anzunehmender Unfall, die schwerste Störung einer atomaren Reaktoranlage. Man kann noch so sehr wünschen, es wäre nicht geschehen – die Realität kümmert sich nicht um die hilflosen Wünsche des Menschen.

Die sich selbst vernichtende Welt – ein so krasser Widerspruch angesichts der Schönheit der leuchtend erblühten Natur im Frühling: Es ist Mai! Alles explodiert – die Blüten brechen auf, und es fällt einem Heines Lied ein, »Im wunderschönen Monat Mai, als alle Knospen sprangen …«. Und zugleich explodiert etwas Grässliches. Etwas Unausdenkbares geschieht: das größtmögliche Unglück. Der Einzelne steht sprachlos vor diesem Widerspruch, dessen Pole sein Vorstellungsvermögen nicht zusammendenken kann. Der Reaktorunfall, die größte Bedrohung unserer Zivilisation, vom Menschen selbst erst möglich gemacht, von ihm aber mit der gleichen Energie verwünscht. Was verändert sich in uns jenseits des Augenblicks, in dem wir *die Nachricht* empfangen haben?

Der Mann, der an diesem Tag eine komplizierte Hirnoperation zu überstehen hat, gehört zum Kostbarsten für die

Ich-Erzählerin. Das Buch wird zum Monolog, gerichtet an den Bruder. Du, spricht sie ihn an, Bruder, wie steht es in diesem Augenblick um dich? Reichen deine Kräfte; wird dein Lebensstrang stark genug sein, alles auszuhalten? *Bruder, was machen sie mit dir.*

Der Jüngere, den sie in der Kindheit stets beschützen wollte, mit dem sie das Märchen vom »Brüderchen und Schwesterchen« spielte, steht ihr so nahe wie wenige andere Menschen: Er ist es, der von derselben Mutter herkommt. Kann es etwas geben, was sie einander mehr verbindet? Das Märchen, das ihr gerade an diesem Tag einfällt, wie das Schwesterchen alles versucht, das Brüderchen vor dem Unglück zu bewahren, und es ihr doch nicht gelingt. Der Zauber der bösen Hexe verwandelt den Bruder in ein Tier. »Was macht mein Kind/ was macht mein Reh …« wird die Schwester angstvoll fragen: »Nun komm ich noch einmal/ und dann nimmermehr.« Und die Erzählerin wird sich ihrer frühen Anfälligkeit für den traurigen Vers erinnern. Immer ist es die schlimme Kehrseite der menschlichen Natur, die trotz allem Guten und Schönen beständig latent bleibt: Trotz aller Liebe, Fürsorge, trotz des Mitfühlens und Mitleidens mit dem anderen, der geschundenen Kreatur. Die Grenze zum Bösen ist näher, als wir denken. Die Decke der Zivilisation ist dünner, als uns oft bewusst ist.

Die Gegensätze sind so scharf in den Raum geworfen wie nur irgend etwas: Der Tag bleibt makellos bis in den Abend hinein, mit seinem klaren Licht über einer lebendigen Landschaft – die Wahlheimat Mecklenburg. Rainer Maria Rilke hat in seinen »Geschichten vom lieben Gott« ein wunderbares Bild für einen solchen Augenblick des Erlebens gefunden: »Der Frühling, den Gott bemerken soll, darf nicht in Bäumen und auf Wiesen bleiben, er muß irgendwie in den Menschen mächtig werden, denn dann geht er, sozusagen, nicht in der Zeit, vielmehr in der Ewigkeit vor sich und in Gegenwart Gottes.« Die Erzählerin ist durch die schlimmen Ereignisse nicht abgestumpft. Man sieht sie durch das Dorf gehen, ihr Fahrrad über den Hügel schieben. Sie nimmt die Schönheit dennoch wahr, die zahllosen Schattierungen von Grün, den voll entfalteten Frühling. Dies ist ein gutes Zeichen. Die Nachricht vom Gelingen der Operation wird sie am Telefon erfahren. Erleichterung. Sie weiß, Gutes und Böses liegen dicht beieinander. Sonst wäre es nicht das Leben.

Abends, noch immer allein im Haus, nimmt sie Joseph Conrads Buch »Das Herz der Finsternis« zur Hand. Todmüde schon, will sie vor dem Einschlafen noch einige Seiten lesen. Da trifft sie mit einemmal ein Satz: »Und auch dies ist einmal einer der dunklen Orte der Erde gewesen.« Ja, weiß sie plötzlich mit greller Schärfe: Das drückt genau ihr Gefühl aus. Sie spürt den *Schlag gegen mein Herz.* Hier spricht der Dichter ihr aus der Seele, aus dem tiefsten Empfinden ihrer einsamen Gegenwart – so, wie es Franz Fühmann einmal in seinem großen Essay »Das mythische Element in der Literatur« bezeugt hat: Ein anderer, der die Worte dafür findet, drückt eine Erfahrung genau so aus, »daß ich, da er die seine in Worten materialisiert, auch die meine darin wiedererkenne«. Wie hilfreich die Kunst in Augenblicken der Not für den Einzelnen sein kann, bezeugen immer wieder Szenen in den Büchern von Christa Wolf. So werden die Verse in Goethes Gedicht »An den Mond« der todkranken Erzählerin in »Leibhaftig« eine ebensolche Hilfe an die Hand geben, die eigene Erfahrung darin geronnen zu finden und damit die Überlebenskräfte zu mobilisieren. Hier nun ist im Satz von

Joseph Conrad für die Ich-Erzählerin ein *Wiedererkennen* erzeugt ... Ja, begreift sie da, dieser Marlow weiß Bescheid, er drückt aus, was sie im Moment empfindet: Auch dies ist einmal einer der dunklen Orte der Erde gewesen – und ist es noch, ist es gerade jetzt wieder, in der Zeit, die ich erlebe! »Zeile um Zeile, Seemeile um Seemeile, dem einzigen Ziel entgegen, das allen Menschen gemeinsam ist: der Wahrheit!« steht irgendwo bei Joseph Conrad.

Sommerstück

Wir wollten zusammen sein. Manche Tiere haben diese Witterung, lange ehe man sie zur Schlachtbank führt. Vergleiche, nicht zu rechtfertigen, auch nicht zurückzunehmen. Wir wußten nichts, es gab keine Anzeichen. Unter nichtigen Vorwänden suchten wir jeder die Nähe des anderen. Ein Alleinsein würde kommen, gegen das wir einen Vorrat an Gemeinsamkeit anlegen wollten.

Es ist einer der schönsten Texte, die Christa Wolf uns schenkte, weil Natur darin eine so bedeutende Rolle spielt wie sonst nie. Die Prosa ist getragen von einer Landschaft in Mecklenburg, sanfthügelig, erdfarben, eher unspektakulär: Mit ihr stimmt die Autorin im Innersten überein. Man spürt es in jeder Zeile. Es ist ein Text der Selbstfindung. Erschienen im Frühjahr 1989, ist das Buch jedoch Resultat früherer Erfahrungen der Schriftstellerin. Im Nachsatz heißt es, der Text sei im wesentlichen 1982/83 niedergeschrieben worden, Teile davon parallel zu »Kein Ort. Nirgends«.

Es ist das Leben in Freundeskreisen, das den Zauber der Erzählung ausmacht. Freunde, die sich aufeinander einlassen, die sich vertrauen, sich austauschen, den anderen mögen – die größte Kostbarkeit überhaupt in ich-bezogener Zeit. Sie alle, Schriftsteller, Künstler, ihre Familien und Partner, haben sich in einem Dorf in Mecklenburg eine Alternative geschaffen gegen die erstarrte gesellschaftliche Konvention. Dafür ist eine andere Art des Daseins nötig, ein neuer Raum auch im ganz direkten Sinne. Es wird ein Ort gesucht, an dem so zu leben möglich ist, das der Einzelne, im lebendigen Austausch mit Gleichgesinnten, bei sich selber bleiben kann.

Sie wussten, sie wollten zusammen sein: Eine Gemeinsamkeit schaffen, die wie eine Schutzhaut jedes Mitglied des Kreises umgibt und davor bewahrt, den Verletzungen von außen wehrlos ausgesetzt zu sein. Freundschaft stärkt gewissermaßen die Immunabwehr. Zusammen reden, einander zuhören, zusammen leben. Bei solchen Freundeskreisen – wie in den Zeiten der Romantik – ging es, sagt Christa Wolf einmal in einem Gespräch, um den Versuch, eine andere Form des Daseins zu finden: In Gruppen lebend; da es in der Gesellschaft nicht ging, am Rande der Gesellschaft, aber, literarisch gesehen, in ihrem Zentrum.

So geht es also um die Suche nach dem *wirklichen Leben.* Nach einem Raum, in dem sich ein Stück der Utopie vom nichtentfremdeten Leben verwirklichen ließe – jener Utopie, die nahelegt, dass Menschen wie Kleist und Karoline von Günderrode *keinen Ort* auf der Welt hatten, an dem sie leben konnten, *nirgends* hingehörten. Diese Vision, der die Freunde anhängen und die anfangs noch auf die Gesellschaft bezogen war, überträgt sich nun auf *das Haus* in Mecklenburg, aufs Landleben unter Freunden und Kindern. Einst hatte auch Anna Seghers von einem solchen Haus erzählt, das für sie, in den schlimmen Zeiten des Exils, im Süden Frankreichs lag: »Wenn ich glücklich war, wußte ich, daß man sich eines

Tages dort mit mir freuen wird. Wenn ich irgendwo krank lag oder in Schwierigkeiten geriet, dann dachte ich, dort müßte alles wieder in Ordnung kommen. Mir würde leichter ums Herz werden in seinem kleinen Garten, in dem nur ein einzelner Baum steht, der Licht statt Schatten verbreitet.« Einen solchen Ort für sich zu wissen, ist ein großes Glück und kann bisweilen im Leben zur Rettung werden: Ein Ort der Zugehörigkeit, an dem man sich zu Hause und geborgen fühlt. Ein Schutzraum.

Der Weg von der Stadt aufs Land, von der quirligen Mitte der Gesellschaft an ihre stilleren Ränder ist der Weg, Zwänge abzustreifen, die zerstörerisch wirken. Als sich die Hauptfiguren Ellen und Jan für das Haus entschieden haben, merken sie, dass sie im Grunde auf neue Anfänge nicht mehr gehofft hatten. Plötzlich werden solche Anfänge wieder möglich. Es ist ein Ausweg zu sehen aus den eingefahrenen Mustern eines Daseins, das schon an einen Endpunkt gekommen zu sein schien. Oder doch in eine Sackgasse. Keine Veränderung mehr in Sicht. Dabei ist die Lebensmitte gerade erst überschritten.

Die Suche nach einem Haus auf dem Land wird zur Metapher und ist zugleich reale Möglichkeit, diese Gegen-Vorstellung gegen die Existenz in der DDR-Öffentlichkeit zu verwirklichen. Es ist keine Flucht aus der Gesellschaft, denn sie empfinden dieses andere Leben nun ganz stark als das wirkliche: *Vom wirklichen Leben das wirklichste*. Ein altes Bauernhaus bildet die räumliche Mitte, um die herum ein solches anderes Leben sich gruppiert. Doch es ist mitnichten eine Idylle. Nicht nur, dass es sich überhaupt erst realisieren lässt, indem eine ungeheure Menge an ganz praktischer Arbeit und Energie aufgewendet wird. Es ist auch gefährdet. Jan hat Angst um Ellen, die bei Nacht fast übermütig auf einem Stück Schwingrasen wippt, der nachgibt, aber dennoch trägt. Die Frau genießt die Herausforderung. Alles schwankt und hält einen doch. Manchmal braucht man das, eine Ahnung, wie gefährdet das Dasein immer wieder ist. Eine endgültige Absicherung gibt es nicht. Das Bild vom Schwingrasen, charakteristisch für die Landschaft in der Umgebung des Dorfes, versinnbildlicht das Ungesicherte einer solchen Existenz außerhalb bisheriger Lebensnormen. Sie muss als Lebensraum erst erobert werden, festgemacht und anverwandelt.

Das Haus auf dem Land wird mit Leben gefüllt, mit alltäglichem, gutem, tätigem Leben. So wird es zu *einem Ort* in vielfacher Bedeutung. Zuerst einmal ist es ein Raum der Familie. Im ganz wörtlichen Sinne: ein Ort, an den man fahren, in dem man die Sommer gemeinsam mit Töchtern und Enkeln verbringen kann. Auch literarische Arbeit wird wieder ungehinderter möglich. Ein Zuwachs an neuer Produktivität. Das Haus erliegt nicht der Gefahr, zur Isolierung zu werden. Ellen fühlt, dass ihr hier alles wirklicher vorkommt als in der Stadt. Unbefangenheit stellt sich wieder ein, Erkenntnisfreude, Lust an den einfachen Dingen.

Es ist aber auch ein Ort, an dem die Städter wieder – oder erstmals – beginnen, die Natur selbst in ihrem Ablauf der Tages- und Jahreszeiten, in ihrer Fülle und Schönheit wahrzunehmen. Ein Ort der Natürlichkeit. Wären sie in der Stadt je auf die Idee verfallen, ein Malvenfest zu feiern, ein Theaterstück wie von Tschechow zu spielen, sich mit Strohhüten und langen bunten Sommerkleidern zu schmücken? Wie die Freundinnen über den Hügel kommen, die Kinder an der Hand, im anderen Arm Bleche mit Kuchen, das war im alten Leben nicht vorgesehen – nahezu ein Märchenbild. Das

Zusammensein an sich ist der Wert. Dazu das Erlebnis körperlicher Arbeit. Hatte man nicht längst vergessen, wie es ist, wenn man am Abend erschöpft, verschwitzt, ausgepumpt und zugleich angefüllt mit einer neuen Freude die Tätigkeiten im Freien beendet? Vom *Jahrhundertsommer* ist die Rede, einem dieser ungewöhnlich schönen, heißen, langanhaltenden Sommer, die es in unseren nördlichen Breiten nicht so häufig gibt. In einem Brief an Anna Seghers schreibt Christa Wolf damals, hier sei es gut. In der Natur und unter normalen Menschen trete das Wesentliche hervor, man könne ruhiger denken und vor allem arbeiten. Die Freude, die diese Erzählung durchzieht, wird immer wieder beim Namen genannt: Freude an den atemberaubenden Sonnenuntergängen, an der Anmut, mit der sich die kleine Enkeltochter im Freien bewegt, an der Schönheit einer der Freundinnen. Keiner unter den Gleichgesinnten scheut sich, auch emphatische Empfindungen zu zeigen und auszudrücken.

Wahrgenommen wird vor allem der weite Horizont der mecklenburgischen Landschaft, Kontrast zur Stadt, und zwar in doppelter Hinsicht: Plötzlich, obgleich am Rande der Gesellschaft, sind die Ausblicke weiter, ungehinderter, auch klarer. Es ist, als seien die Hindernisse weggeräumt, die bisher die Sicht verstellten, die einengten und klein machten. Und der Blick ist freigegeben auf Neues und Wesentliches. Da es sich tatsächlich um eine hügelige Landschaft handelt, ist dieses Freigeben des Horizonts als ganz real vorzustellen. Mit dem Wechsel der Lebensräume beginnt eine Landschaft sich um sie herum aufzubauen. Damit werden auch die Empfindungen freigegeben, entgrenzt. Ellen wird gesund in diesem Raum. Sie kann allmählich von den Verletzungen und Verkrampfungen genesen, die ihr zugefügt wurden, als sie inmitten des gesellschaftlichen Zentrums zu wirken versuchte. Nun fühlt sie sich nicht mehr wie von fremden Wörtern und Vorstellungen besetzt. Sie kann freier atmen. Weil sie dies hatte, musste sie das Land nicht verlassen.

Das volle, sinnliche Leben wird zur Voraussetzung für ihre Gemeinsamkeit unter Freunden. Die Resignation, die mit dem bisherigen, angepassten Leben in der Gesellschaft verbunden war, löst sich hier an diesem Ort, in dessen symbolischem Zentrum das Haus steht. Ein Haus als Raum für Gespräche, für Nähe, für abendliche Gesellschaften, für die Arbeit. Es ist die Versinnbildlichung ihrer Hoffnung auf Freundschaft, auf Beständigkeit und Dauer. Und dieses Haus, auf das so vieles projiziert wird, brennt dann eines Tages ab. Innerhalb der Erzählung »Sommerstück« wird nur erst die Angst vor dem Feuer reflektiert, die latente Möglichkeit des Funkenflugs im brennendheißen Jahrhundertsommer. Die Gefährdung aber lässt sich nicht abweisen. Andere Häuser in der Nähe brennen bereits. Immer wieder sind in diesen Sommerwochen die Feuerwehrsirenen zu hören. Jedesmal zuckt Ellen bis ins Innerste zusammen: Das Haus! ... Eines Tages bricht auf dem Feld hinter ihrem Grundstück Feuer aus, die Flammenwand nähert sich dem Haus. Das Rohrdach würde in Sekundenschnelle Feuer fangen. In diesem Moment sieht Ellen alles ganz klar, überscharf, wie unter einer Lupe: *Jetzt schon?* denkt sie. Sollte es eine Warnung sein, eine Drohung, die Strafe dafür, dass es ihnen zu gut ging? Muss man denn für alles Gute im Leben so teuer bezahlen?

Das ist die Vorausahnung der Katastrophe, die Vorwegnahme des Gerichts. Der Schrecken sitzt tief. Die Glieder sind plötzlich eiskalt. Das Denken setzt für Sekunden aus. Jetzt nur noch Intuition. Als wäre sie bereits auf das Schlimmste gefasst, als hätte sie es immer gewusst: Es ist die Strafe für ihr Glück ... Die ganze Familie, die Freunde, die Nachbarn helfen, das Feuer aufzuhalten und auszutreten. Das Unglück wird noch einmal gebannt. Eine dramatische Szene. Ellen kann nichts mehr fühlen, in ihr brennt das Haus – so stark sind ihre Sinneseindrücke, als seien sie Realität. Aber noch ist es nur ein Bild, die Vor-Glut. Die Natur ist auf ihrer Seite. Der Wind schlägt um. Der Rauch wechselt die Richtung. Und im selben Augenblick erscheint am Feldrand der erste der beiden Traktoren, die die Tochter zu Hilfe geholt hat. Nachdem die Flammen niedergetreten sind, stellt sich Ernüchterung ein: Dieses Mal sind sie noch davongekommen. Ein Aufschub, den das Schicksal gewährt. Die Feuer-Metapher enthält beides, das Gute und das Schlimme, Reinigung und Vernichtung. In der Redewendung »mit dem Feuer spielen« wird das bildhafter Ausdruck. Mit dem Feuer ist aber nicht zu spielen – das weiß die weibliche Hauptfigur. Irgendwann holt das Feuer, holt die Katastrophe sie ein – die Bedrohung bleibt.

Christa Wolf hat das Feuer erlebt: den Brand ihres Hauses *und* den Untergang der Gesellschaft, in der sie lebte. Mit ihren literarischen Texten stellt sie sich dieser Erfahrung. Ausweichen ist ihre Sache nie gewesen, sondern Aufschreiben, Durcharbeiten, Bewusstmachen der Krise. Das zusammen mit den Freunden durchlebt zu haben, war die Rettung. Unter den Freunden jener Mecklenburger Sommer waren Maxie Wander, Sarah Kirsch und andere, mit denen gemeinsam sie die wichtigsten Wegstrecken ihres Lebens gegangen sind.

Der *Vorrat an Gemeinsamkeit* aber, den sie sich anlegen wollten – hat er gehalten? Einen Vorrat legt man sich an, wenn man ahnt, dass härtere Zeiten bevorstehen, Zeiten, in denen das zum Leben Notwendige nicht mehr selbstverständlich da sein wird. Ist die Gemeinsamkeit nicht doch bald auseinandergefallen? Hat sich der Freundeskreis, der so fest aus gegenseitigem Vertrauen zusammengeschmiedet schien, nicht wenig später schon aufgelöst? Die Ahnung der Gefährdung lag ja damals bereits in der Luft, die sie alle gemeinsam atmeten in jenen wundervollen Sommerwochen. Die Welt war noch immer eine geteilte, nicht anders als zur Zeit von Rita und Manfred, dem Liebespaar, dem sich der Himmel über Deutschland in zwei Hälften spaltete.

Sprache der Wende

In diesem Zwiespalt befindet sich nun das ganze Land. Wir wissen, wir müssen die Kunst üben, den Zwiespalt nicht in Konfrontation ausarten zu lassen: Diese Wochen, diese Möglichkeiten werden uns nur einmal gegeben – durch uns selbst.

Die Rede auf dem Alexanderplatz in Berlin am 4. November 1989. Eine historische Rede in einer historischen Situation: Ein Land ist um Umbruch. Alles ist ins Fließen gekommen. Die Leute gehen auf die Straße, zu Tausenden, zu Hunderttausenden. Alles scheint möglich geworden zu sein. Längst ist nichts entschieden. Die DDR, die gerade 40 Jahre existiert: Steht sie vor dem Untergang oder vor einer grundlegenden Erneuerung? Machen ihre Bürger nun endlich das Beste aus dieser Chance, eine neuartige Gesellschaft in Deutschland zu gestalten, in der die Menschen auf einer anderen Grundlage zusammenleben als auf der von Vorteil und Profit? Oder zerschlagen sie selber alles, weil sie diesem Gemeinwesen nicht zutrauen, fortzubestehen unter veränderten Bedingungen?

Die Entwicklung geht dann sehr schnell. Mit dem Abstand von zwanzig Jahren sieht das heute anders aus als damals,

1989: Es sind Tage, in denen noch alles offen ist. In denen ein großes Nachdenken darüber beginnt, was da geschehen ist, wie und warum alles auf diesen Umbruch hinauslaufen *musste.* Wochen werden folgen, die die Menschen geradezu euphorisch stimmen: Sie selbst haben es in der Hand, was daraus werden wird: »Wir sind das Volk.« Massen auf der Straße skandieren diese Worte. So selten ist eine derartige Situation in der deutschen Geschichte, dass sie unglaublich scheint: Das Volk selber kann bestimmen, wie die künftige Entwicklung verlaufen wird. Oder doch nicht? Zahllose Menschen reden miteinander, die sonst gar nicht ins Gespräch gekommen wären. Man schläft wenig, ist mit anderen, mit vielen zusammen, diskutiert Nächte hindurch, entwirft, macht Pläne. Die Grenzen öffnen sich. Alles kann man sich vorstellen, was glücklich macht. Reiche menschliche Beziehungen, freundliche Gesten, eine offene Atmosphäre. Diese Möglichkeiten, sagt Christa Wolf, und Zehntausende jubeln ihr zu, *werden uns nur einmal gegeben – durch uns selbst.*

Und doch ist es nur eine kurze Zeit, die diese Euphorie nährt. »Ein Moment Schönheit«, so beschreibt die Schriftstellerin Helga Königsdorf diesen Herbst 1989. Die Gesichter der Menschen werden *schön,* weil sie offen sind, hell, glücklich. Es ist etwas ganz Außergewöhnliches, so von den meisten noch nie erlebt. Und *durch uns selbst* erlangt. Keiner hat es von außen geschenkt oder verordnet. Dennoch, in Christa Wolfs Worten sind die Warnungen schon zu diesem frühen Zeitpunkt unüberhörbar: Mit dem Wort »Wende« habe sie ihre Schwierigkeiten. Es suggeriere ein Segelboot, dessen Kapitän ausruft: »Klar zur Wende!«, weil der Wind sich gedreht hat. Man spürt gleich, das Bild stimmt nicht wirklich. Die »Wendehälse«, eine Spezies, von jenen Wochen massenhaft hervorgebracht, könnten das Beste zunichte machen. Die junge, gerade heranwachsende Demokratie im Lande ist noch nicht so kräftig, dass sie ungefährdet wäre. Eine neue Verfassung, die der Staat braucht, und an der Christa Wolf maßgeblich mitarbeitet, indem sie eine gutdurchdachte Präambel ausarbeitet, setzt sich nicht durch. Bald gehen die skandierten Worte in den neuen Schlachtruf über: »Wir sind *ein* Volk!« Der Gedanke der staatlichen Einheit Deutschlands schiebt sich schnell, vielleicht zu schnell, in den Vordergrund. Die Voraussetzungen dafür fehlen, doch die Bedürfnisse der breiten Massen schreien danach. Die Möglichkeiten *durch uns selbst* scheinen plötzlich für viele nicht mehr attraktiv. Das kleine Land bekommt keine wirkliche Chance zur Erneuerung aus sich selbst heraus.

Die Schönheit auf den Gesichtern der Menschen, von denen Helga Königsdorf spricht, weicht nur zu rasch auch dem Hass, der die Züge verzerrt. Den gegenseitigen Schuldzuweisungen, dem Misstrauen, dem tiefsitzenden Verdacht, gerade dieser oder jener könnte es doch gewesen sein, der einen bespitzelt oder verraten habe. Eine Aufarbeitung der Vergangenheit tut bitter not. Unabhängige Untersuchungskommissionen werden dringlich gefordert. Die innere Einheit des Volkes aber dadurch gleich mit über Bord geworfen. Das Schiff der Wende gerät ins Schlingern. Fortan werden die Möglichkeiten vertan, die in den Tagen im Herbst 89 aufschienen und unzählige Menschen so glücklich aussehen ließen.

Das mündige Volk vergisst in vielen Fällen, die Geschichte des Landes und seiner Menschen historisch zu sehen. Zu vieles wird vom Ende her beurteilt, vom Scheitern eines Staatsgebildes her. So als sei von Anfang an alles Unrecht gewesen. So als seien die großen Visionen des Anfangs null und nichtig gewesen, eine andere Art des Gemeinwesens zu schaffen.

Wenige Monate später, im März 1990, wird Christa Wolf auf dem Außerordentlichen Schriftstellerkongress der DDR in ihrer Rede »Heine, die Zensur und wir« (beide Texte publiziert sie in dem Bändchen »Reden im Herbst«) davon sprechen, wie sich die Wirklichkeitswahrnehmung inzwischen verändert hat: Was immer jetzt kommen möge, welche Gesellschaftsordnung und Wirtschaftsformation, welche Herausforderungen, Versuchungen, Diffamierungen und Infamien bevorstünden, welche neuen Möglichkeiten und Chancen aber auch: »wir gehören zu den privilegierten und seltenen deutschen Schriftstellern, die in einem Teil Deutschlands den Aufbruch zu einer revolutionären Erneuerung durch und durch miterlebt, manche auch mitgemacht haben; die nun in die Widersprüche der nachfolgenden Entwicklung hineingestellt sind und die aus dieser Erfahrung die Kraft schöpfen können, aber auch müssen, der Restauration, die vorrückt, für unseren Teil zu widerstehen.« Die Schriftstellerin hat sich dieser Erfahrung gestellt, ohne zu resignieren, selbst angesichts bitterer Anwürfe gegen die eigene Person, die schon bald erhoben werden sollten. Von dieser Haltung vieler Intellektueller und Künstler geht bis heute eine große Ermutigung aus. Christa Wolf wollte nicht einsehen, warum sie, die Autoren dieses untergehenden Landes, den Kopf verlieren und sich selber aufgeben sollten – »unsere Geschichte, unseren Mut und unser Selbstbewußtsein« –, nur weil die Mächte gewechselt haben, mit denen sie sich auseinandersetzen müssen. Und sie hat dabei stets, in all den Jahren, die kommen sollten, auf ihre Leser gesetzt, die ihr auf diesem Weg folgen würden. Zu Recht.

Verwundet

Wie muß eine sich bedroht fühlen, die dieses doppelte Versteck wählt, Tier und Mann, und zugleich weiß, sie bleibt Zielobjekt, jeder Pfeil trifft, verletzt, schmerzt.

Ein verwundetes Tier flieht, durch einen von der untergehenden Sonne geheimnisvoll ausgeleuchteten Wald. Der erste Impuls: Kann man ihm helfen? Wohin flieht es, wer jagt es, wem will es entkommen? Ein Bild von Frida Kahlo. Ein weibliches Gesicht in einem männlichen Tierkörper. »Das verwundete Wild«, ein Hirsch, auf der Flucht, blutend, angeschossen von neun Pfeilen, die ihm in Hals und Rücken stecken. Ein kurzer Prosatext der Schriftstellerin, der die Problematik eines ganzen Lebens der Malerin aufruft. Christa Wolf liebt die bildende Kunst, sie geht täglich mit Bildern um, der Blick ist geschult; ihr Mann Gerhard Wolf und sie sind Kunstsammler. Dieses kleine Gemälde der mexikanischen Malerin Frida Kahlo hat in ihr eine Saite angerührt, die auch in ihrer Literatur eine wiederkehrende Rolle spielt: die Verletzung der liebenden Frau durch den Mann. Nur 22,4 × 30 cm groß, trägt das Bild alternativ den Titel »Der kleine Hirsch«.

Das Gesicht jedoch, mit dem das männliche, oder eben das zweigeschlechtliche Tier dem Betrachter entgegenflieht, ist das Gesicht der Malerin selbst. Christa Wolf erkennt in den wenigen metaphorischen Bestandteilen des Bildes, des Landschaftshintergrunds, besonders in der Farbwahl der Malerin in vielen Schattierungen von Gelb und Grün, den Aufschrei der gehetzten Kreatur. Die Erfahrung einer Frau, gerade durch den Mann verletzbar zu sein, den sie liebt.

Diego Rivera und Frida Kahlo, ein Paar fürs Leben, deren Liebe ständig gefährdet war durch die Sucht des Mannes, andere Frauen zu erobern, einmal sogar Fridas Schwester. Eine Wunde. Das Gesicht der Hirschin, der Frau im männlichen Tierkörper, ist nicht larmoyant, nicht schmerzverzerrt, nicht einmal leidend. Ist es ein Gesicht, in dem sich die Erfahrung eingegraben hat, die sie immer wieder machen musste, ein Leben lang? Doch es behält seinen Stolz und seine Würde. Oft hat sich Frida Kahlo zusammen mit Tieren gemalt, nie wieder aber im Tierkörper. Es ist der verzweifelte Versuch, das verletzte Ich zu verbergen.

Frida Kahlo hatte mit fünfzehn Jahren einen furchtbaren Unfall, der ihren Körper verheerte, ihr jahrzehntelang grausame Schmerzen bereitete, ihren Lebenslauf prägte. Dennoch bleibt sie die schöne Frau, die die Liebe mit Männern und Frauen sucht, die sich schmückt, schöne Kleider und Schmuck liebt, die eitel ist. Süchtig nach Leben. Wie diese Frau mit dem Schmerz umgeht, den unendlichen körperlichen Leiden und den seelischen Verletzungen, das nötigt Respekt ab, Bewunderung. In ihren Bildern setzt sie sich mit diesen Traumata auseinander, die sie niemals loslassen, denn es gibt keine Heilung für sie. Trotz zahlloser Operationen, qualvoller Behandlungen, trotz der mit eisernem Willen bestandenen

Torturen. Nie wieder kann sie gehen wie andere, ist später an den Rollstuhl und zunehmend ans Bett gefesselt, ihr Bein muß amputiert werden, die Schmerzen nehmen kein Ende. Aber sie liebt und hört nie auf, ihren Mann Diego zu begehren. Auf ihn kommt es ihr so sehr an wie auf keinen anderen Menschen in der Welt. Nach einer Scheidung, in die die Verzweiflung über Diegos ewige Untreue sie getrieben hat, heiraten sie zum zweiten Mal. Sie können ohne einander nicht sein. Eine Liebe fürs Leben, bis zum Tod. In ihrer Kunst versucht sie zu bannen, was ihr im Leben so sehr zusetzt.

Was sieht Christa Wolf in dem kleinen Bild der Malerin? Einen Verzweiflungsschrei gewiss, aber anders, als man erwarten würde: ohne alle geläufigen Klischees. Ja, es unterläuft die Erwartung. Bei der Betrachterin jedoch trifft es auf die Erinnerung an ein Motiv, das für Christa Wolf seit ihrer eigenen Kindheit abrufbar ist: das deutsche Märchen von Brüderchen und Schwesterchen. Frida Kahlos Vater, der aus Deutschland stammt, kann es der Tochter erzählt haben. Dort wird das gejagte Menschenkind in ein Reh verwandelt, und das Schwesterchen kann ihm nicht mehr helfen, die Verzweiflung wächst unaufhörlich – bis sie beide erlöst werden. Die Schriftstellerin webt dieses Märchenmotiv in mehreren ihrer Texte in die Reflexionen hinein, so im Buch »Störfall«. Es ist ihr nahe, darum erkennt sie es auch in der Arbeit der Malerin. Von der Bedrohung spricht sie, die auf diesem Wesen lastet. *Wie muß eine sich bedroht fühlen, die dieses doppelte Versteck wählt, Tier und Mann* – sich verbergen, um Schutz zu suchen, im Männerkörper, im Tierkörper. Wäre sie so weniger angreifbar? Weil Männer nicht so stark verletzbar sind? Ist das so? Sie hätte ein Versteck gesucht und ist doch von den Pfeilen getroffen worden. Der Schütze ist im Bild nicht zu sehen, das ist nicht notwendig. Wir ahnen, wer sie verwundet hat. Nicht nach Denunziation steht der Malerin der Sinn. Doch sie sucht einen Ausdruck für ihr Leid. Die Tiermetapher ist kein beliebiges Versteck: Vielleicht aber die Hoffnung, den männlichen Körper werde man nicht derart malträtieren wie den weiblichen.

Ingeborg Bachmann, die österreichische Dichterin, hat, nachdem sie sich nicht mehr in der Lyrik ausdrückt, die Prosa als ihre Form gewählt, die Verletzungen der Frau durch die männliche Umwelt zu thematisieren. Ihr Romanzyklus »Todesarten«, bei ihrem frühen Tod Fragment geblieben, spricht in mehreren Varianten von den tödlichen Verletzungen, die ihren Frauenfiguren zugefügt werden, wenn sie in ihrer Liebe dem Mann ausgeliefert sind. Da ist die weibliche Hauptfigur in »Malina«. Sie wird durch die von Ivan zurückgewiesene Liebe so stark verwundet, dass sie am Ende als Person verschwindet, körperlich unsichtbar wird. Als einziger Ausweg bleibt ihr die Verwandlung ins Nichts. Sie wird zerstört. Das kann man lesen als eine andere Spielart zur Verwandlung in den männlichen Tierkörper, der Schutz bieten soll. Ivan, eine andere Form des Namens Hans – in Bachmanns Erzählung »Undine geht« trägt jeder der Männer der Namen Hans. Und sie alle begehen Verrat an der geliebten und liebenden Frau. Der Undine-Gestalt bleibt am Ende als einziges der Weg zurück ins Wasser, unter die Oberfläche, in ein für den Menschen unsichtbares Reich. Dort nur kann sie sich verbergen. Die Metaphern, die die Malerin und die Dichterin wählen, halten Zwiesprache miteinander. Die Kunst findet den Ausdruck für etwas beinahe Unsagbares: *Wie muß eine sich bedroht fühlen.*

Monsieur – wir finden uns wieder
Briefwechsel mit Franz Fühmann

Lieber Franz, [...] Glaubst Du eigentlich, daß man Deine Essays anderswo genauso verstehen, daß man ihnen in ihre Voraussetzungen, Assoziationen, ihre Betroffenheiten, Grimmigkeiten, ihre Polemik, ihre Inständigkeit, ihre beinah flehentlichen Beschwörungen und ihre schmerzlichen, sehr schmerzlichen Schlüsse genau so folgen kann?

Ein Zeugnis der Freundschaft. Der ungeheuren Hochachtung vor der Leistung des anderen. Seit Ende der sechziger Jahre schreiben sich Christa Wolf und Franz Fühmann regelmäßig Briefe. Immer dann, wenn die Krisenzeiten in der Gesellschaft besonders harsch werden, drängt es sie, sich der Meinung und des Beistands des anderen zu versichern. Gekannt haben sie sich längst, seit den fünfziger Jahren begegnen sie sich im Schriftstellerverband in Berlin oder auf Reisen. Doch nun wird der Briefwechsel intensiver, und am Ende ist er ein Teil ihres Werkes geworden. Der Schriftsteller Franz Fühmann (1922–1984), aus dem Böhmischen stammend und als junger Soldat der deutschen Wehrmacht in den Krieg gezogen, ist in seiner Lebensproblematik so stark wie nur wenige aus den

Widersprüchen der deutschen Geschichte heraus zu verstehen. Mit klaren, gewichtigen Begriffen charakterisiert Christa Wolf den Freund, einen von denen, die es sich besonders schwer gemacht haben mit dem Erbe der deutschen Vergangenheit: *Wandlung. Wahrheit. Wahrhaftigkeit. Ernst. Würde.* Und sie umreißt damit ein ganzes Leben mit seinen Aufschwüngen und Abgründen, mit seiner beinahe bis zur Selbstzerstörung gehenden Rigorosität, die eigene Verstrickung in die geschichtlichen Zusammenhänge dingfest zu machen. Zuerst in Gedichten, später in wunderbar klarer und sensibler Prosa und erkenntnisscharfen Essays zur Literatur hat sich dieser deutsche Schriftsteller einen Platz in der Gegenwartsliteratur erkämpft, der längst noch nicht deutlich genug erkannt wird. Als ganz junger Mann der Naziideologie aufgesessen, dann als Kriegsgefangener an der Wolga mit der neuen, so anderen Vision einer strahlenden sozialistischen Zukunft konfrontiert, schließlich in der jungen DDR mit ihren Halbheiten und Widersprüchlichkeiten gründlich desillusioniert, bezieht er endlich seinen Standort inmitten der Kunst selber. Immer wieder Brüche, immer erneut das Begreifen, dass es nicht hilft, das eine Dogma gegen ein anderes auszutauschen, findet er nur bei den Dichtern wirklich Zuflucht, den antiken und den modernen. Eine der größten Leistungen Franz Fühmanns ist sein Essay zu Georg Trakls Gedichten »Vor Feuerschlünden«. Das Leitmotiv darin wird zu dem seines eigenen Lebens: »Der Wahrheit nachsinnen – viel Schmerz«. Ebenso stark wohl hat sein Essay »Das mythische Element in der Literatur« (1973) die Freundin beeinflusst, als sie mit ihrer Prosa selber tief in die mythologischen Überlieferungen hineinstieg, »Kassandra« und »Medea« schrieb – sie hat es ihm unverhohlen gesagt.

Jener Brief Christa Wolfs aus Neu-Meteln an den Freund stammt vom 27. Juni 1979. Es ist die Zeit nach der Ausbürgerung des Liedermachers Wolf Biermann Ende 1976 aus der DDR, die ihre zerstörerischen Folgen für die Kulturpolitik noch jahrelang nachklingen lässt, aber auch diejenige schmerzhafter Erfahrungen beider Autoren selber: Christa Wolf stößt auf heftige Kontroversen bei der Veröffentlichung ihres Romans »Kindheitsmuster«. Franz Fühmann schlägt sich mit der krisenhaften Existenz des großen, unglücklichen des Dichters Trakl herum. Vor allem auch steckt er tief in der Auseinandersetzung mit E. T. A. Hoffmann, dessen Prosa er phantastische Analyen widmet. Er hatte Christa Wolf soeben seinen Essay »Fräulein Veronika Paulmann aus der Pirnaer Vorstadt oder Etwas über das Schauerliche bei E. T. A. Hoffmann« gesandt, den sie mit zunehmender Faszination liest. Hier hat sie ihren Freund Fühmann ganz: sein Erahnen des Abgründigen, des Schaurigen als Ausdruck einer Welt, die aus den Fugen geraten ist, seine Begeisterungsfähigkeit für große Literatur, die den Zustand der menschlichen Psyche im Tiefsten erkennt. Hoffmann ist einer der Dichter, die für Fühmann unersetzlich sind, lebensnotwendig. Die genau ausdrücken, was ihrer Zeit zusetzt. Christa Wolf erspürt darin sofort auch den eigenen Ansatz, das, was sie selber im Moment so sehr beschäftigt. Fragt den Freund, ob er die letzten Prosaarbeiten der Ingeborg Bachmann kenne, ihren »Todesarten«-Zyklus, unvollendet. Spricht in diesem Zusammenhang über das *zum Sterben schauerliche Mißbrauchtwerden von dem, den sie am meisten geliebt*. Erkennt das Schauerliche in der eigenen Gegenwart. Folgt Fühmann auf seinem geistigen Weg in die Tiefenstrukturen der Literatur. Dann aber die Frage, ob er glaube, *anderswo genauso* verstanden zu werden wie im eigenen

Land, dem Denkzusammenhang, in dem sie beide stehen. Der Zweifel daran, die unausgesprochene Vermutung: Nur wer eben diese Verzweiflungen, Brüche, Verwerfungen wie sie in der DDR miterlebt, miterleidet, könne das ganze Ausmaß dessen ermessen, was Fühmann darin sieht. Von außen kaum wirklich zu beurteilen. Er, der selbst eine riesige Bibliothek der Literatur der Romantik besaß, darunter seltene kostbare Ausgaben, zusammengetragen aus aller Herren Länder, wusste genau, was er seinen Romantikern verdankt: Scharfe Einsichten in die eigene *heillose Epoche.* In seinem großen vertrauensvollen Brief an Konrad Wolf, den Präsidenten der Akademie der Künste, formuliert Fühmann am 8. Juni 1979, ihn schaudere *vor der kalten, eisklaren, nüchternen Objektivität,* mit der der Zustand der Gesellschaft letztlich zu betrachten sei, denn sie sei eine Objektivität des Hoffnungslosen. Dennoch spricht er in Bezug auf sein Land von einem Rest Hoffnung, vielleicht auch *Rest von Liebe,* den er noch immer nicht aufgeben wolle, so sehr das Verhältnis zwischen *Führung und Volk* auch im Argen liege.

Diese Freundschaft zwischen zwei Gleichgesinnten steigert sich, je ärger die Zeiten sich zuspitzen, die Spannungen im Inneren der Gesellschaft, die Verzweiflung unter den Künstlern und Intellektuellen. Beide sprechen sie von *dieser heillosen Epoche,* in die ihre Biografie sie hineingeworfen hat. In seiner Antwort vom 19. Juli 1979 meint Fühmann dann gar, »wie die Dinge jetzt liegen, wird es wohl an uns beiden liegen, eine Würde der Literatur zu repräsentieren, die nicht verloren gehen darf«. Immer wieder legen sie ihren eigenen Briefen solche Schreiben bei, die sie, protestierend, mahnend, doch zunehmend vom Gefühl der Vergeblichkeit bedrängt, an die Regierenden gesandt haben, Minister für Kultur, ja den

Staatsratsvorsitzenden Honecker. Man schickt sich gegenseitig Abschriften dieser Briefe, sich informierend und einander sekundierend. Wenn auch mit wenig Aussicht, etwas damit zu erreichen. So sitzen sie denn auch in den künftigen Jahren *auf unseren voneinander entfernten Liegenschaften*, wie Christa Wolf ihm schreibt, *und brüten über Briefen an den König* – sie in ihrem Bauernhaus in Mecklenburg, der Freund in seiner Waldklause in Märkisch Buchholz nahe Berlin, dort, wo er nun auch begraben liegt.

Seit das Buch mit den Briefen 1968–1984 zwischen Franz Fühmann und Christa Wolf 1995 unter dem schönen Titel »Monsieur – wir finden uns wieder« herausgegeben wurde, kann man deutlich sehen, wie wichtig diese Freundschaft für beide Schriftsteller war. Fühmann spricht anspielungsreich vom »lieben Gott der Schriftsteller«, der sie zueinander finden ließ. Man würde sich unter allen Umständen, so meinte Christa Wolf in einem ihrer Briefe, wiederfinden, wo es auch sei und wann immer. Wie tröstend der Gedanke: Als wäre es auch im Jenseits möglich, irgendwo fände sich ein Ort, der ihrer Gemeinschaft günstig sei.

Unter den zahlreichen Schreiben, die hin und her gingen, waren auch viele Postkarten, die besonders Fühmann mit sichtlichem Spaß an skurrilen, verfremdenden Motiven für die Freunde Christa und Gerhard Wolf aussuchte, Bilder von Spitzweg, eine urkomische altdeutsche Jägergemeinde, bizarre Trachtenmadeln oder treudeutsche Gartenlaubenromantik konterkarieren so wunderbar den Austausch der bitterernst gemeinten vertraulichen Meinungsäußerungen. Das Bittere darin nimmt allerdings immer mehr zu. Vom Gefühl der Lähmung und des Objekt-Seins ist seit Beginn der achtziger Jahre mehrfach die Rede, von wachsender Hilflosigkeit angesichts der Lage im Lande – so, als seien einem die Hände gebunden, die man doch notwendig rühren müsse, bei Strafe des eigenen Untergangs. Und dennoch ist dieses Buch, das auch Christa Wolfs Trauerrede auf ihren Freund Franz Fühmann enthält, alles andere als eine entmutigende Lektüre. Schärft sie doch den Blick für die inneren Zusammenhänge in dem Land, das man trotz allem nicht verlassen wollte, und für die Entstehungsbedingungen von Literatur, der innerhalb der DDR-Gesellschaft eine so enorme Rolle zukam, wie man es sich später kaum noch vorstellen konnte.

»Winterreise« – Wolfgang Heise zum Gedenken

Für mich gehörte Wolfgang Heise zu jenem Netzwerk von Freundschaften, das in keinem Geschichtsbuch erwähnt werden wird, das sich aber über das ganze Land erstreckte und uns leben half.

Im Winter zu reisen – eine empfindliche Anstrengung, die alle Kraft kosten kann. Die nur der auf sich nimmt, der es unbedingt muss. Durch den Schnee zu wandern, wenn einer beinahe nichts hat, das ihn wärmt. Wenn einer immer wieder hofft anzukommen – und doch gezwungen ist, draußen zu bleiben und weiterzuziehen. Der dort, wohin er will, keinen Einlass findet. Ein schauriges Gefühl.

Immer, wenn sie die »Winterreise« von Schubert hört, muss Christa Wolf an Wolfgang Heise denken. Er hatte ihr die Schallplatte einst, am Beginn ihrer Freundschaft, geschenkt. Kein zufälliges Geschenk. Die Lieder von Wilhelm Müller, die Franz Schubert 1827 vertonte, drücken ein dominierendes Lebensgefühl aus, das sich leitmotivisch durch den ganzen Zyklus zieht: »Fremd bin ich eingezogen/Fremd zieh ich wieder aus.« Da zieht einer durch die Zeit, mitten in Deutschland, damals, in der Epoche der Restauration – und könnte auch unser Zeitgenosse sein. Dieser Wanderer, den es zu den Menschen zieht, findet keine Aufnahme, findet niemanden, dem er sich anschließen könnte. Eine Grundsituation des Fremdseins überhaupt. Es ist einer, der dazugehören möchte, doch er sucht vergeblich nach Gleichgesinnten. »Erstarrung« heißt eines der Gedichte von Wilhelm Müller, »Gefrorene Tränen« ein anderes, »Irrlicht«, »Letzte Hoffnung«, »Täuschung«. Und auch das Lied vom »Lindenbaum«, vielleicht sein bekanntestes, ist alles andere als eine romantische Idylle, sondern eine bittere Austreibung: »Die kalten Winde bliesen/ mir grad ins Angesicht; / Der Hut flog mir vom Kopfe,/ Ich wendete mich nicht.« Dazu eine wunderbare Musik, in die Schubert sein eigenes desillusioniertes Empfinden legt, von leiser Wehmut getragen, süchtig nach Leben.

Als Wolfgang Heise ein junger Mann von achtzehn Jahren war, musste er die Erfahrung der Ausgrenzung machen. Seine jüdische Mutter war der Grund dafür, dass die Deutschen ihn als nichtzugehörig abstempelten. Doch in seinem künstlerisch-intellektuellen Elternhaus hat er eine Mitgift erhalten, die ihn für das ganze Leben prägen sollte: ein Rückgrat, das sich nicht verbiegen lässt. Christa Wolf sagt, er habe wohl ein untrügliches Maß für moralisches oder unmoralisches Verhalten in sich getragen. Eine seltene Gabe, die den, der über sie verfügt, zu einem so wertvollen Menschen macht. Was aber muss es ihn gekostet haben?

Wolfgang Heise, Philosoph und Kunsttheoretiker (1925–1987), einer der kritischen Geister in der DDR, Professor für Geschichte der Philosophie und Geschichte der Ästhetik, ein außerordentlich produktiver Denker, ein Kunstkritiker, der etwas bewegen wollte, ein integerer, liebenswerter Mensch. Christa Wolf, die ihn Anfang der sechziger Jahre kennengelernt hat, schrieb diesen Text zu seinem 70. Geburtstag, den er schon nicht mehr erlebte.

Einmal verbringen sie einige Wochen der Erholung im selben Sanatorium, beide von einer Krankheit aus Erschöpfung gezeichnet. Stunden um Stunden wandern sie gemeinsam durch die märkischen Wälder bei Berlin, saugen die beruhigende Wirkung der stillen herbstlichen Landschaft in sich auf und fühlen, wie ihre Gesundheit sich allmählich wieder kräftigt, indem sie reden, sich verständigen über den Zustand ihres Landes, mit dem sie sich auseinandersetzen, jeder auf seinem Gebiet – der Wissenschaft, der Literatur. In diesen frühen sechziger Jahren ist schon die Ausweglosigkeit zu spüren, das vergebliche Anrennen gegen Mauern, wie ein Reisen im Winter. Düster die Lage im Land, von Dogmatikern gelenkt, der freie Raum des Denkens eingeschränkt. Das macht diejenigen krank, die eigentlich an einer Veränderung mitwirken wollten. Christa Wolf hat bald schon den Begriff dafür: *psychosomatisch.* Mehr als alle Medizin hilft ihnen in dieser Situation das vertraute Gespräch mit einem Gleichgesinnten. Ohne viele Worte weiß man, der andere versteht die Zeichen genau wie man selber. Die Schriftstellerin hat es in ihrem Leben so oft erfahren. Ihr Buch »Sommerstück« erzählt auf wunderbare Weise von solchen Freundschaften. Jetzt, nach Heises Tod, erinnert sich die Gedenkende eines Augenblicks während dieser Wanderung. Sie bleibt stehen und fragt, ihn und sich selber: *Was sollen wir tun?* Und Heise antwortet, nach langem Schweigen: *anständig bleiben.* Nur diese Worte. Sie graben sich ein. Christa Wolf wird sie bewahren wie einen kostbaren Schatz.

Seine Vorlesungen zur Geschichte der Ästhetik an der Humboldt-Universität in den siebziger und achtziger Jahren waren ein Geheimtipp auch für Studenten, die an anderen Instituten immatrikuliert waren. Viele, die bei ihm hörten, werden nicht vergessen, was er ihnen auf den Weg mitgab an Urteilsvermögen und Kunstverstand und wie er ihnen den aufrechten Gang vorlebte. Unter seinen ehemaligen Schülern sind viele, die später selber Künstler werden, die schreiben oder malen. Die von ihm auch die Maxime übernehmen, *anständig* zu bleiben.

Wolfgang Heise hatte, anders als der Wanderer im Winter, einen großen Freundeskreis. Er war umgeben von vielen, die gleich ihm daran arbeiteten, dieses kleinere Deutschland doch noch so zu verändern, dass die ursprüngliche Idee, sein Gründungsmotiv, unbeschädigt Gestalt annehmen könnte. Doch immer wieder stießen sie auf jene eisigen Mauern, an denen auch der Wanderer der »Winterreise« scheitern musste. In seinem Haus am Rand von Berlin traf man sich zuweilen. Es gibt ein Foto vom 60. Geburtstag Wolfgang Heises, auf dem man ihn und seine Frau inmitten der Freunde sieht: Künstler und Wissenschaftler, die sich in einer gemeinsamen Sache verbunden fühlen. Keiner von ihnen hatte es sich bequem gemacht in der schwierigen, gefährdeten Gesellschaft, die ihnen am Herzen lag. Ein bestimmter Ausdruck ist auf allen ihren Gesichtern zu erkennen: eine heitere Gelassenheit, die sich nur einstellt, wenn man sich unter Gleichgesinnten befindet.

Medea. Stimmen

Ich hatte erfahren, was ich wissen wollte, versprach mir, es so schnell wie möglich zu vergessen, und kann seitdem an nichts anderes denken als an diesen schmalen kindlichen Totenschädel, diese feinknochigen Schulterblätter, diese zerbrechliche Wirbelsäule, ach.
Die Stadt ist auf eine Untat gegründet.
Wer dieses Geheimnis preisgibt, ist verloren.

Wenn die Geschichte beginnt, ist Medea fast am Ende. Sie wendet sich in Gedanken an ihre Mutter, um Beistand zu finden, Zuspruch und Verständnis. Immer wenden wir uns an die Mütter, wenn wir in Not sind. So wie auch Jason in Anna Seghers' Erzählung »Das Argonautenschiff« sich in dem Augenblick seiner Mutter erinnert, als sein Leben sich dem Ende zuneigt.

In der reichen und stolzen Stadt Korinth, in der Medea mit Jason und ihren Zwillingssöhnen lebt, ist sie die Fremde geblieben. Ein Flüchtling aus der fernen Kolchis, ihrer Heimat am östlichen Rand des Schwarzen Meeres, am Fuße des Kaukasus. Sie, die Schwarzhaarige, Glutäugige, die anders aussieht als die Frauen hier. Die Korinther sind von Medea zugleich angezogen und abgestoßen, weil sie ihnen fremdartig erscheint. Bald schon wird sie die *schöne Wilde* genannt. Ein wenig unheimlich bleibt sie ihnen immer. Schön ist sie, mit eindringlichen Augen, lebhaft und hellwach, Goldfunken in der grünen Iris. Auch sie eine Königstocher, die dem Jason in die Fremde gefolgt ist, als er, der Grieche, mit seinem Schiff »Argo« nach Kolchis segelte. Er wollte das Goldene Vlies rauben, das Widderfell, das in Medeas Heimat im Hain des Kriegsgottes Ares aufbewahrt wurde. Sie hatte ihm geholfen, ein Frevel gegen den eigenen Vater. Und nun ist sie Jasons Frau, die Mutter seiner Söhne, und bleibt doch die Fremde, die Andere. Einige ihrer Landsleute gingen damals heimlich mit ihr. Man bestaunt sie in Korinth wie ein fremdes Tier.

Medea wird von den Ihren verehrt, sie ist eine Heilerin, eine Heilkundige. Ihr Name leitet sich ab von *medha*, »weibliche Weisheit«, und aus ihm entwickelt sich das Wort »Medizin«. In ihrer Heimat war sie eine Priesterin der Hekate. Doch in Korinth wird sie als die Andersartige wahrgenommen. Hier können ihr die Herrschenden nicht verzeihen, dass sie ihre Umwelt erkundet, die Vordergründe durchschaut, sich nichts vormachen lässt. Dass sie hinter das streng gehütete Geheimnis kommt.

Was mag in ihr vorgehen, dass sie nicht davon ablassen kann, die Dinge zu hinterfragen, die Zeichen zu deuten? Als Kind schon hatte Medea das »zweite Gesicht«, eine Ahnung, die sie deutlicher sehen ließ als andere Menschen. Sie scheint getrieben von der Gier, alles genau wissen zu wollen. Das Falsche nicht gelten zu lassen. So gibt sie sich auch selber Rechenschaft: Nicht aus blinder Liebe ist sie Jason gefolgt, sondern aus wissender Einsicht: Ihr Vater, König Aietes, hat den eigenen Sohn töten lassen, um seine Herrschaft zu si-

chern. Auch seine Macht ist auf einem Verbrechen gegründet. Nun kommt sie nach Korinth, die Stadt der Hochkultur, des Wohlstands und scheinbaren Glücks, und wieder sagt ihr der scharfe Verstand, dass hier etwas nicht stimmt.

Die *Untat*, von der Medea erfährt, ist der Mord an der jungen Tochter des Königs Kreon. Der Vater opfert seine Tochter Iphinoe, um zu verhindern, dass mit ihrer späteren Thronbesteigung erneut die matriarchale Linie oder, wie Kreon sagt, die *Weiberherrschaft* an die Macht gelange. Endlich hatte sich doch im Land der Griechen die männliche Machtfolge etabliert. Alles setzt er daran, seine eigene Herrschaft zu befestigen, nichts ist ihm zu schäbig oder zu riskant. Und, erstaunlich genug, das Volk glaubt der Lüge, die junge Iphinoe sei entführt worden, um einem fremden Königssohn vermählt zu werden. Man glaubt es, obwohl das zarte junge Mädchen zuvor von der Liebe des Volkes getragen war, sie sich in der Stadt allein und ohne jegliche Gefährdung hatte bewegen können, geschützt durch die Zuneigung der Menschen.

Medea war der Königin Merope heimlich gefolgt durch unterirdische Gänge des Palastes, in verliesartige Höhlen. So stößt sie auf das zarte Skelett eines Kindes, eines halbwüchsigen Mädchens. Warum kehrt sie nicht um, als sie da unten, im Dunkeln sich vorwärtstastend, spürt, sie ist einem schrecklichen Geheimnis auf der Spur? Warum lässt sie es nicht ruhen? Nein, das kann sie nicht. Dafür ist sie viel zu sehr Seherin. Es treibt sie vorwärts. Sie ist geradezu gezwungen nachzuforschen, selbst wenn sie um die Gefahren des Verbotenen, Verschwiegenen weiß. Nicht eher kann sie ruhen, bis sie entdeckt: Es war Iphinoe, die da auf einem Opferaltar geschlachtet worden war auf Geheiß des eigenen Vaters. Medea kann nicht aufgeben, ehe sie hinter den Erscheinungen die Ursachen gefunden hat. Und immer mehr Geheimnisse werden sichtbar, je unnachgiebiger sie hinschaut. Merope, das wird ihr klar, hat sich seitdem vom Hof zurückgezogen, sich ihrem Schmerz überlassen, der Verzweiflung. Ihre irren Schreie damals, als man die Tochter zur Schlachtbank führte, haben ihre Stimme zerstört. Seither ist sie stumm.

Als Medea hinter das *schreckliche Geheimnis* gekommen ist, will sie es so schnell wie möglich wieder vergessen. Doch es gelingt ihr nicht. Es wühlt sie auf, sie kann an nicht anderes mehr denken, sie muss den argen Weg der Erkenntnis gehen und sich eingestehen, sie selbst steht auf verlorenem Posten. Verbündete wird sie in der Stadt Korinth nicht mehr finden. Zu sehr haftet an ihr bereits der Ruf der Hexe. Für die Korinther gilt eine Frau als *wild*, wenn sie auf ihrem eigenen Kopf besteht: Eine, die sich nicht domestizieren lässt.

Man spürt auf jeder Seite dieses Buches, dass es um alles geht. Denn die Enthüllung macht Medea verhasst, macht sie noch mehr zur Außenseiterin, als sie es durch ihre Herkunft ohnehin schon ist. Nun wird ein ganzer Machtapparat aufgeboten, die Fremde in die Schranken zu weisen. Die Männer der Herrschaft fühlen sich von ihr bedroht. Also muss man sie klein machen, ihr die Größe und die Würde nehmen, die sie ausstrahlt. Ein einfaches Mittel, so altbewährt wie zuverlässig, dient dazu: Denunziation. Medea wird zur Hexe erklärt, zur Giftmischerin. Sie wird denunziert von all denen, die mit ihr abrechnen wollen: alte Freunde und neue Feinde, darunter selbst Frauen, auch Angehörige ihres einstigen Gefolges aus der Heimat. Aus Neid, aus Rache, aus verschmähter Liebe. Medea wird zum Sündenbock gemacht. Alles, was an ihr anders ist als bei ihnen, den Korinthern, lässt sich beinahe mühelos gegen sie verwenden. Worin sie ihnen überlegen ist, das interpretieren sie um in Anschuldigungen. Weil sie heilen kann, muss sie mit bösen Kräften im Bunde sein. Weil sie der Macht der Männer mit spöttischem Blick begegnet und ihre Überheblichkeit erkennt, ist sie als arrogant verschrien. Medea blickt in so viele Gesichter – und sie erkennt. Sie durchschaut die Verhältnisse. Dafür muss sie büßen.

Es ist ein uraltes Motiv, das sich seit Anbeginn unserer Zivilisation durch die Geschichte zieht: Wenn ein Sündenbock gebraucht wird, muss es ein Fremder sein. Die Fremden, die von draußen gekommen sind, scheinen dafür prädestiniert. Auf sie lässt sich alles projizieren, was als verdächtig, als unheimlich gilt. Das ist im Mythos so wie in der Realität.

Medea wird zur Mörderin des eigenen Bruders gestempelt. Kaum ist das Gerücht aufgebracht, Jahre nach ihrer Flucht aus Kolchis, da setzt es sich auch schon durch in Korinth. Auf einmal lassen sich die Fakten umbiegen in Verdachtsmomente, in Anschuldigungen gegen sie. Wie einfach das geht. Man muss nur mitmachen, es bestätigen – oder schweigen.

Der Verrat derer, die sie liebte, ist besonders schmerzlich. Ihn kann man nicht begreifen. Medea nennt die, die einst mit ihr gingen, als sie fliehen mussten vor der Rache ihres Vaters, »meine Kolcher«. Aber auch sie lassen sich benutzen von der fremden Herrschaft, gegen sie. Und Jason, ihr Mann, der sie begehrte, sie zu der Seinen machen und beschützen wollte? Erst laviert er noch. Er soll die zweite Tochter des Königs Kreon heiraten, Glauke, die krank und schwach ist, und damit die männliche Herrschaftslinie sichern. Er tue es doch für Medea und die Kinder. Doch Medea hört darin falsche Töne: Für euch, sagt er ihr, nicht: für uns. Damit vollzieht auch er den Verrat. So macht auch er sie zur Fremden. Dabei hatte er sie wie keine andere Frau geliebt, war von ihr hingerissen. Als er sie an ihres Vaters Hof zum ersten Mal sah, spürte er ein nie gekanntes Ziehen in allen Gliedern, ein *durch und durch zauberhaftes Gefühl*: Sie hatte ihn bezaubert. Verzaubert, sagt er später wohl, und das geht schon in die Richtung, die der Denunziation zuarbeitet: Medea, die bösartige Zauberin, die Hexe, vor der man sich schützen müsse. Nichts von allem, was geschehen ist, habe er gewollt, wird Jason am Ende äußern. Das Eingeständnis seiner Schwäche. Zu ihr gehalten hat er nicht.

Die Mythen eignen sich auf einzigartige Weise dazu, individuelle Erfahrung an Modellen von Menschheitserfahrung zu messen. Ein Staatsgeheimnis zu verraten, war und ist immer das schlimmste der Verbrechen. Denn es setzt die Macht unter Druck; es rüttelt an den Grundfesten einer Herrschaft, die sich nur durch ein festgefügtes Lügengebäude aufrecht erhalten kann. Diese Erkenntnis wird Medea nicht verziehen. Dafür muss sie ausgetrieben werden. Man will sie loswerden, um jeden Preis. Was sie den Korinthern überlegen macht, kehrt sich jedesmal gegen sie. Da man ihrer nicht Herr wird, erklärt man sie zur Wahnsinnigen.

Christa Wolf schreibt in ihrem 1995 beendeten Roman »Medea. Stimmen« gegen die verfestigte Überlieferung an: Medea, die Kindermörderin. Denn so ist sie seit Euripides in die abendländische Kulturgeschichte eingegangen. Die Schuldzuweisung, sie, die grausame Mutter, habe ihre beiden Söhne getötet: aus Eifersucht auf Glauke, die neue Braut Jasons; aus Rache an ihrem untreuen Mann. Kann sich ein fühlender Mensch etwas Schlimmeres vorstellen als den Mord an den eigenen Kindern? Nein, und deshalb war Medea abgeschrieben für alle Zeiten. Dieser Makel bleibt an ihr haften: Medea, die Irre, die Verbrecherin.

Die Schriftstellerin gibt ihr, neben fünf weiteren Figuren im Roman, eine eigene Stimme. Außer ihren Augen wird nichts an ihr beschrieben. Sie bleibt körperlos, wir sehen sie nicht, hören nur ihre Stimme. Die Autorin lässt ihr den Raum und das Recht, ihre Version des Geschehens zu bezeugen. Sie tritt an, die festgeschriebenen Urteile aufzubrechen, die über diese Frauengestalt des Altertums ausgebreitet waren wie ein Netz, in dem man wilde Tiere fängt. Und sie stellt ganz andere Fragen an die Medea-Figur. Ist es nicht wahrscheinlicher, dass sie unschuldig ist – am Tod ihrer Söhne, am Hass derer, die sie austreiben? Was könnte eine Frau wie sie wirklich gefühlt und gedacht haben in ihrer Situation? War sie nicht durch Herkunft und Verhaltensweisen eine, die immer, was sie auch tut, auf Ablehnung stößt? Das, was Medea im Dunkeln entdeckt, tief unten im Verborgenen, unter der glänzenden Oberfläche des Palasts, ist das Verdrängte, Vergessene. Ein tiefer Brunnen. Immer wieder ist das so. Das, was man nicht wissen möchte, wird aus dem Gedächtnis gestrichen. Wer es auf sich nimmt, es ans Licht zu bringen, setzt sich dem Hass aus und der Verleumdung.

Als Christa Wolf 1992/93 als Scholar am Getty Center in Santa Monica, Kalifornien, lebt, begibt sie sich tief hinein in die Erkundung des Medea-Mythos. Später notiert sie über diese Zeit, wie die Figur aus all den Überlieferungen allmählich hervortrat, »MEDEA, sie kommt, ich erlebe noch einmal das Wunder einer Erscheinung«. Sie *sieht* sie, erkennt sie als eine Andere als in den zahllosen Vorprägungen: »Medea, die ihre Kinder nicht ermordet hat, die Unschuldige, dachte ich freudig und triumphierend« (»Begegnungen Third Street«). Die mythische Gestalt bietet für die Schriftstellerin zugleich eine Chance, die nötige Distanz zu den Umbrüchen in der deutschen Heimat und den Beschädigungen der eigenen Person zu gewinnen. Räumlich und zeitlich steht sie für einige Monate *außerhalb*. Der Blick, von jenseits des Atlantik, schärft sich, wird wieder freier. Christa Wolf schafft nicht schlechthin eine moderne Adaption des Mythos, sondern eine völlig neue Sicht auf ihre weibliche Figur. Sie will Verkrustungen ablösen, die das Patriarchat auf jede weibliche Stimme legte, die sich Gehör zu verschaffen suchte. Wie bereits die Kassandra-Figur der Schriftstellerin ist Medea eine, die sich nicht mehr beiseite drängen lässt. Medea, die Priesterin, die Erkennende – auch darin ist sie der Kassandra eng verwandt. Gescheitert sind beide.

Gesichter der Anna Seghers

Anna Seghers: Deutsche, Jüdin, Kommunistin, Schriftstellerin, Frau, Mutter. Jedem dieser Worte denke man nach. So viele einander widersprechende, scheinbar einander ausschließende Identitäten, so viele tiefe, schmerzliche Bindungen, so viele Angriffsflächen, so viele Herausforderungen und Bewährungszwänge, so viele Möglichkeiten, verletzt zu werden, ausgesetzt zu sein, bedroht bis zur Todesgefahr.

Diese Frau, die sie Freundin nannte, war das ganz Besondere für die junge Schriftstellerin Christa Wolf. Sie war die Berühmte, die aus dem Exil heimkehrte mit einem Welterfolg, »Das siebte Kreuz«. Aber sie war auch die Verletzliche und Gefährdete. Mehr als einmal war das Leben der Seghers in Gefahr gewesen. Die Jahre des Exils hatten sie schwer getroffen, hatten sie heimatlos und unstet gemacht. Sie hatte aber einen starken inneren Antrieb, nicht aufzugeben: die Hoffnung auf eine Heimkehr nach Deutschland. Es hat sie viel Lebenskraft gekostet, durchzuhalten, der Stimme der Barbarei nicht das letzte Wort zu überlassen.

Wie viel Leben spiegelt sich in den Zügen eines Gesichts? Welche Schläge, welche Glücksempfindungen hinterlassen jene Spuren, die sich tief eingraben in die Landschaft eines Gesichts? Christa Wolf sagt Sätze über Anna Seghers, die vor ihr keiner gesagt hatte. Sie erkannte deren Wesen, weil sie genauer hinsah, sich nicht täuschen ließ von einem charakteristischen *Lächeln, das sie in Sekundenbruchteilen auf ihrem Gesicht aufblenden und wieder auslöschen konnte.* Sie sah, dass die Seghers damit etwas verbarg, was sie in ihrem Inneren verschloss. Dass sie anders war, als sie zu Lebzeiten in der Öffentlichkeit gern dargestellt wurde. Sieht diesem Gesicht auch die Spuren von Verzicht und von Enttäuschungen eingeschrieben, von unterdrückten Leidenschaften, Kummer und Zweifel. Die Spuren der *Zerreißproben*, von denen Anna Seghers wohl nur zu Vertrauten gesprochen hat.

Die roten, glühenden, leuchtenden Unglücke, die die junge Anna Seghers in einer ihrer frühesten Erzählungen beschwört: »Grubetsch« (1928). Dort gibt es ein junges Mädchen, ihr Dasein scheint schon am Anfang festgelegt auf den tristen, freudlosen und unendlich gleichförmigen Ablauf eines Lebens in Armut und Ausweglosigkeit. Da wünscht sie sich, lieber solle ihr eines dieser leuchtenden, roten Unglücke zustoßen, von denen man zuweilen hört, dort, in den bösen Hinterhöfen ihrer Existenz. Vielleicht hat Christa Wolf auf dem Gesicht der Seghers erahnt, dass diese Dichterin nicht aufgehen konnte in der nüchternen Wirklichkeit des alltäglichen Lebens – schon gar nicht eines wohlbehüteten Lebens, wie es ihre Herkunft aus einer gutbürgerlichen jüdischen Familie in Mainz vorgezeichnet hat. Sie wollte, sie brauchte die Herausforderung der Gefahren, die das Leben immer auch bereithält. Sie suchte die Grenzbereiche der Erfahrung.

Das gewöhnliche und das gefährliche Leben – die zwei Pole des menschlichen Daseins, sie spielen im Werk der Seghers immer die entscheidende Rolle; das Mythische im Realen, der Aufstand im Alltäglichen, das ist seit ihren Anfängen als Erzählerin ihr Erkennungszeichen. So bereits in der mit dem Kleist-Preis 1928 ausgezeichneten Erzählung »Aufstand der Fischer von St. Barbara«. Und genau die Spanne zwischen diese beiden Polen nimmt Christa Wolf in den Zügen der Anna Seghers wahr. Es sind *scheinbar einander ausschließende Identitäten*, und natürlich weiß die Autorin, dass sie einander eben durchaus nicht ausschließen, sondern sogar erst hervorgebracht haben in einem acht Jahrzehnte währenden Leben, das mehrmals auf des Messers Schneide stand. Nicht nur, als die Nationalsozialisten die Kommunistin und Jüdin gleich im Februar 1933 suchten und verhafteten, sondern auch immer wieder auf den Wegen des Exils: Sieben Jahre in Paris, dann, 1940, das Jahr der Flucht durch Frankreich, um von Marseille aus der Bedrohung zu entkommen, bevor die Wehrmacht auch den Süden Frankreichs besetzen würde. Immer wieder Lebensgefahr, die Not, ihre beiden Kinder zu beschützen und durchzubringen, ihren Mann Laszlo Radvanyi zu retten, der von der Vichy-Regierung als »feindlicher Ausländer« in einem Internierungslager in den Pyrenäen festgesetzt wurde. Dann die Überfahrt nach Amerika, im März 1941, während die Schiffe auf dem Atlantik beschossen und bombardiert werden. Aber selbst in Mexiko, wohin ein gnädiges Schicksal sie und die Familie verschlägt, ist die Gefahr nicht gebannt: Einen schweren Verkehrsunfall, der ihr 1942 fast das Leben kostet, überlebt sie wie durch ein Wunder. So viele *Angriffsflächen* bietet dieses Leben. Immer muss ein Engel an ihrer Seite gestanden haben. Später begleitet sie auf

Reisen stets ihr kleiner Reisealtar, gefunden auf einem mexikanischen Bauernmarkt, und der katholische Heilige darauf, Christophorus, Schutzheiliger der Reisenden, beschützt die atheistische Jüdin. Das Schicksal hat ihr ein Leben zugedacht, das ein Entweder-Oder nicht akzeptiert. Viel häufiger muss man sich von verschiedenen Seiten des Beistands versichern. Es ist kein auf Schonung berechnetes Leben. *So viele tiefe, schmerzliche Bindungen*, konstatiert Christa Wolf. Bindungen an die Eltern, orthodoxe Juden, die sie im Holocaust verliert. Bindungen an Genossen und ihre Partei, die es ihr mehr als einmal schwer machen, nicht auszuscheren. Bindungen an geliebte, vertraute Freunde, die ihr entrissen werden, wie der Jugendfreund Philipp Schaeffer, 1943 von den Nazis in Plötzensee enthauptet. Die wichtigste Bindung ihres Lebens aber an Laszlo Radvanyi, seit der gemeinsamen Studienzeit in Heidelberg der ihr nächste Mensch, Philosophiestudent aus Budapest, Jude wie sie, ein junger Kommunist, der sie, das Bürgermädchen Netty Reiling, politisiert und in die linken Studentenkreise zieht. Mehr als fünf Jahrzehnte ist Radvanyi ihr der wichtigste Begleiter und Ratgeber, der Mann, den sie liebt.

Ihre Vorstellung von einer gerechten Welt, in der nicht der eine der Wolf des anderen ist, das Losungswort ihrer Jugend, bleibt ein Leben lang ihre Vision. Der ordnet sie alles unter, vor allem anderen ihr erzählerisches Werk. Darin offenbart die Kunst das ihr Gemäße: Die Sehnsucht wachzuhalten nach einem anderen Zustand der Welt. Ob Anna Seghers Märchen und Mythen erzählt, wie »Die schönsten Sagen vom Räuber Woynok«, ob Legenden und alte Sagen wie »Die Legende von der Reue des Bischofs Jehan d'Aigremont von St. Anne in Rouen«, oder ob sie einen großen Epochenroman schreibt wie »Die Toten bleiben jung«, immer geht es ihr um die Gerechtigkeit, die so schwer zu erringen ist und die man doch bei Gefahr des eigenen Untergangs nicht aufgeben darf. Und wehe dem, der sie dennoch aufgibt! Noch in ihrer Fragment gebliebenen Novelle »Der gerechte Richter«, die die politischen Schauprozesse der fünfziger Jahre reflektiert, wird dieses Credo titelgebend. Dort aber unterliegt der Gerechte, und weil Anna Seghers mit ihrem schwierigen, peinigenden Stoff nicht fertig wurde, lässt sie die Geschichte unfertig und unveröffentlicht liegen. Nur dieses eine Mal.

All das musste sich auf dem Gesicht der Schriftstellerin abzeichnen. Tiefe Enttäuschungen gehen ebenso wenig spurlos an uns vorbei wie ungeheure Glücksmomente. Von beidem hat sie reichlich gehabt. In ihrem schönen Altersgesicht, durchzogen von zahllosen Falten und Fältchen, spürt man die Fülle dieses »dicht besetzten Lebens«. Unter diesem Wort der Seghers gibt Christa Wolf 2003 ihrer beider Briefwechsel heraus. Darin versammelt auch die zahlreichen porträtierenden Essays, die Christa Wolf über Anna Seghers geschrieben hat. Einer der schönsten davon ist dieser (1992), weil er die Summe einer Freundschaft zieht, die Mitte der fünfziger Jahre begann und bis zum Lebensende hielt.

Anna Seghers sei, so Christa Wolf, eine Figur, die sie nur selber hätte beschreiben können, und sie sieht das begründet in der bemerkenswerten Mischung aus ganz und gar irdischen und den legendären Zügen, die diese Frau so besonders machte. Sie spricht gar vom *Feenhaften*, *Zauberhaften*. Gerade eine Schriftstellerin wie die Seghers habe offenbar die Fähigkeit, solche Figuren in der Literatur lebendig werden zu lassen, die nicht eindeutig sind, sich nicht reduzieren lassen auf eine Schicht. Hinter denen, wenn man ihre Geschichte kennenlernt, immer noch ein zweites Wesen aufzuleuchten scheint. Als Beispiel nennt Christa Wolf die Seghersche Artemis-Figur, die Sagengestalt aus uralter Überlieferung, die in der Erzählung »Sagen von Artemis« alle Züge der antiken Göttin trägt und doch zugleich wie ein Mädchen aus unseren Tagen daherkommt.

Die Gesichter der Seghers, sie haben auch den brasilianischen Schriftsteller Jorge Amado fasziniert. In seinen Memoiren erinnert er sich: »Sie wurde geboren, um treu zu sein, sie war korrekt, wie unbesonnen sie auch scheinen mochte, eine Bewohnerin der Welt des Mondes – warum denke ich an den Mond, wenn ich an Anna denke? Wegen ihrer Schönheit sicherlich, ich habe keine schönere Frau gekannt, kein verehrungswürdigeres Wesen, meine Schwester Anna.« Andere haben in ihr die Anmut einer javanischen Tempeltänzerin erkannt. Vielen erschien sie auf eine besondere Weise geheimnisvoll, gar rätselhaft. Die, die sie gut kannten, wussten, woher das kam: In ihrem Inneren entstanden fortwährend neue Geschichten. Dabei konnte ihr Gesicht leicht einen abwesenden Ausdruck annehmen. Ihre innere Welt war reicher als die äußere. Der Schriftstellerkollege Erwin Strittmatter, oft stundenlang neben der Seghers im Präsidium des Schriftstellerverbandes sitzend, meinte durchaus ernsthaft, im Stillen stricke sie an ihren Geschichten weiter, während ringsum belanglose Reden gehalten wurden.

Die Gesichter der Anna Seghers, so unterschiedlich sie in den verschiedenen Lebensaltern scheinen mochten, behielten doch eines immer bei: die Prägung durch ihre Heimat am Rhein, dem Strom, wie sie ihn stets nennt; die sanften Hügel der rheinhessischen Landschaft mit ihren Apfelbäumen, den Weinbergen und Schafherden finden ihren Widerschein in ihrer Seele. Das vielleicht stattet sie aus mit jener Gelassenheit, die nötig war, die vielfachen Gefährdungen des Jahrhunderts zu bestehen, denen sie ausgesetzt war. Hier, bekannte sie einmal, »empfing ich, was Goethe den *Originaleindruck* nannte«, die entscheidende Prägung durch heimatliche Sprache und Wesensart.

Die Zeichen der Nuria Quevedo

Brot und Fisch sind die biblischen Speisen, die Nahrung überhaupt. Diese Frau, dieser Fisch hier scheinen von flirrender, fast flüssiger Luft umgeben, kann sein, die Frau kommt von weither, mag sein, sie hat noch weit zu gehen. Sie zweifelt nicht, daß sie gehen muß. Sie bringt die Speise. Der Fisch ist bei den frühen Christen das Zeichen für Jesus von Nazareth.

Ein Atelierbesuch bei der Malerin und Grafikerin Nuria Quevedo in Berlin, 1993. Christa Wolf, die seit langem die Bilder liebt, viele Maler zu Freunden hat, schreibt auch hier einen Text der Freundschaft. Es ist ein Text der gemeinsamen Arbeit und der Erkenntnis.

Die Schriftstellerin und die Malerin, jede verfügt über ihre ureigenen Ausdrucksmittel, die Worte, die Zeichen. Und doch befruchten sich ihre Blicke gegenseitig, die sich auf den Bildern treffen.

Die Schriftstellerin betrachtet ein Bild der Freundin. Die Frau, die den Fisch trägt, würde man leicht mit dem Meer in Verbindung bringen. Doch, so heißt es im Text, habe sie den Fisch keineswegs aus dem Wasser geholt, sondern trage ihn

über eine ausgedehnte spanische Ebene – Nuria Quevedos eigentliche Heimat. Dennoch ist die Gestalt durch die Symbolkraft des Fisches mit dem Wasser verbunden. In vielen Arbeiten der Künstlerin sind die Figuren nicht eindeutig. Ist es ein Mann, ist es eine Frau, fragt sich die Betrachterin wiederholt. Jeder müsse die Bilder lesen, wie er sie braucht, sagt Nuria Quevedo. Jeder muß sie für sich lesen, entschlüsseln, aufschließen. Christa Wolf tut dies. Der Geist des Ortes überträgt sich auf sie. Hier, in der Mitte Berlins, sind diese Bilder entstanden. Man sieht vom Atelierfenster, hoch über der Karl-Marx-Allee, bis weit nach Neukölln und Kreuzberg, Ost und West verbinden sich hier, Linien kreuzen sich. Dazu graues Novemberlicht, wie die Maler es lieben. Das lenkt nicht ab von den Dingen im Raum. Es lässt die eigentlichen Farben hervortreten, ungestört, unverändert.

Für die Betrachterin könnte die Frauengestalt auf dem Bild eine Assoziation hervorrufen zu Undine, der literarischen Metapher bei Ingeborg Bachmann. Die sagte einmal über ihre Erzählung »Undine geht«: Aber das sei doch keine Frau, vielmehr sei es – um mit Büchner zu reden – »die Kunst, ach, die Kunst«. Das Überschreiten des Eindeutigen, des real Sichtbaren und Greifbaren. Die Zweigeschlechtlichkeit, die in der Kunst unbedingt auch verkörpert ist, durch die Zusammengehörigkeit des Weiblichen und des Männlichen. Immer wieder in den Künsten dieses bewusste Offenhalten von Möglichkeiten. Der Reichtum, der darin steckt. Die Verlockung, die Bilder so zu lesen, wie man selber sie braucht. Eine Frau, ein Mann? Die Verführung, die Zeichen zu entziffern.

Auf einem anderen Bild eine weibliche Gestalt, verhüllt von einer – wie Christa Wolf es deutet – Sonnenmaske. Sonne oder Mond? Männlich oder weiblich? Mitdenkend, dass in den romanischen Sprachen, anders als im Deutschen, die Sonne männlichen, der Mond hingegen weiblichen Geschlechts ist. Die Kunst bleibt bewusst mehrdeutig, als Angebot an den Betrachter. Schließlich die Blätter der Quevedo zu Karl Mickels Collage »Kants Affe« – darauf eine Frauenfigur, wie sie weder in Mickels Text noch bei Immanuel Kant vorkommt. Und auf einem der Blätter die Gestalt des Todes – nicht *der* Tod wie im Deutschen, sondern *la Muerta, die Totenfrau der spanisch sprechenden Völker* mit der beinahe sanften Gebärde derer, die weiß, dass Leben und Tod, Geburt und Sterben zusammengehören im Kreislauf des Lebens. Nicht den Schrecken verkörpert die Gestalt, sondern Gelassenheit, Einverständnis. Eine schöne Deutung der männlichen Vorgaben. Bei vielen von Nuria Quevedos Figuren fallen sofort die offenen Hände ins Auge, provozierend und zugleich in ihre Bilderwelt einladend. So wie die Frau, die den Fisch trägt. So wie eine andere weibliche Gestalt, die den Engel trägt.

Während ihres Grafikstudiums habe sie als wichtig erfahren, sagt Nuria Quevedo, sich mit literarischen Texten auseinanderzusetzen. Auch das hat einen bestimmten Ton in ihre Arbeiten gebracht: zu hören, was die Dichter sagen, es aufzunehmen, nicht zu illustrieren, sondern in ihrer eigenen Bildsprache fortzusetzen, weiterzudenken, mitzufühlen. Der Dialog der Künste, hier kann man sehen, wie fruchtbar er wird. Nuria Quevedo hat grafische Arbeiten zum Werk von Franz Fühmann geschaffen, zu seiner Neuerzählung der »Prometheus«-Sage: schwere, urwüchsige Gestalten, die vom Beginn der Menschwerdung erzählen. In denen die Erde selbst zur Gestalt wird, Gaya, die Urmutter. Sie hat zu Autoren wie Volker Braun oder Karl Mickel gearbeitet, zu Anna Seghers' »Aufstand der Fischer von St. Barbara«, zu Cervantes, ihrem großen Landsmann. Und sie hat, immer wieder, Grafik geschaffen zum Werk von Christa Wolf. Ihre »Cassandra«-Studien in den achtziger Jahren treten in Dialog mit Christa Wolfs Erzählung »Kassandra«. Konzentriert arbeitet sie das Wesentliche heraus: die Frau, konfrontiert mit dem Mann; das Paar; Geburt; Gewalt; Schmerz; Tod.

Man geht mit den Blicken der Autorin durch das Atelier der Künstlerin. Christa Wolf weiß, worauf sie aus ist. Bleibt vor dem oder jenem Bild stehen, lässt anderes bewusst bei Seite: ein Stilleben, das wohl nicht zufällig so platziert war, dass es der Besucherin als erstes auffallen muss. Doch nicht jetzt, nein, der Blick sucht weiter. Für alles gibt es den richtigen Moment.

Nuria Quevedo wurde 1938 in Barcelona geboren, ihre Eltern emigrierten 1952 mit dem Kind in den Osten Deutschlands. Dort wuchs sie auf, studierte, wurde zur Künstlerin. Zwei Sprachen, zwei Kulturen: Das treibt ihr Künstlertum auf die Spitze. Die Synthese trägt Früchte, kraftvoll und schön. Sie fand eine eigene Stimme innerhalb der bildenden Kunst der Gegenwart.

Dünn ist die Decke der Zivilisation – Musikalische Meditation

Aber die Geschichte ist nicht zu Ende. Und sind nicht von jeher Menschen, die mit dem Sinnverlust, den sie verspüren, nicht mehr leben wollen oder können, Urheber großer Veränderungen geworden?

Die unzerstörbare Hoffnung, das große Dennoch, das die Welt antreibt. Und sei es noch so aussichtslos, man muss es versuchen, immer wieder. Das bedeuten diese Worte, die Christa Wolf 1998 im Großmünster zu Zürich spricht, als Zwischentexte zur Aufführung von Joseph Haydns »Missa in Tempore Belli«. Eine Messe in Kriegszeiten, damals, 1796, als Napoleons Armeen Europa mit Krieg überzogen. Haydn schuf eine große Musik, die sich in Tönen und Worten an den göttlichen Vater wendet: *Dona nobis pacem.* Die Bitte um Schutz und Erbarmen. Haben sich die Zeiten grundsätzlich geändert? Wie so oft in ihrem Werk, setzt Christa Wolf zwei Epochen zueinander ins Verhältnis, die heutige zu einer vergangenen. So arbeitet sie das Wesen unserer eigenen Problematik schärfer heraus.

Seit vier Jahrzehnten ist Christa Wolf auch eine politische Schriftstellerin. Manche haben sie eine Moralistin genannt, und das sollte nicht immer freundlich klingen. Aber muss der Schriftsteller nicht auf die Moral als ethisches Grundprinzip des Menschlichen setzen, wenn er mit seiner Literatur nur irgend etwas bewegen will? Immer wieder, in allen Epochen, gibt es Künstler, Intellektuelle, die die Hoffnung nicht aufgeben, die zur Besserung der Verhältnisse beitragen, ihre Zeitgenossen wachrütteln wollen. Wenn andere Menschen dieses Prinzip Hoffnung nicht beim Namen nennen können, fühlen sie sich berufen, diese Pflicht auf sich zu nehmen. Ist es nicht manchmal nur der innere Leitspruch jener Moralisten und Aufklärer, *Folge deinem Gewissen!*, der unsere Zivilisation zusammenhält? Das einzige, was Kunst könne, hat Heiner Müller einmal gesagt, sei Sehnsucht wecken nach einem anderen Zustand der Welt. Und diese Sehnsucht sei revolutionär. Ein Gedanke, der Christa Wolf sehr vertraut sein muss. Die Sehnsucht nach dauernder Veränderung der Welt. Der beste denkbare Zustand ist nie erreicht.

Ein Satz Heinrich Heines kommt mir in den Sinn: Das Herz des Dichters sei der Mittelpunkt der Welt. Er wird und muss derjenige sein, der immer wieder an die Herzen der Menschen appelliert, nicht aufzugeben. Auch gegen sich selbst nicht nachzulassen mit den Forderungen nach sittlichen Grundsätzen unseres Handelns. Christa Wolf beruft sich auf ihn, nicht in diesem Text, sondern grundsätzlich. *Menschen, die mit dem Sinnverlust, den sie verspüren, nicht mehr leben wollen oder können* – auf sie, so ist die Autorin fest überzeugt, kann sie setzen. Unter ihren Zeitgenossen waren das viele Gleichgesinnte, mit denen sie befreundet war: Franz Fühmann etwa,

Heinrich Böll, Wolfgang Heise, Maxie Wander, Irmtraud Morgner, Max Frisch oder Otl Aicher.

Dona nobis pacem: Gib uns Frieden – die Bitte an Gott. Aber, so sagt die Autorin, diese Bitte um Frieden könnten und sollten wir auch an uns Menschen richten, an uns selber: »Gib Frieden!«, wäre eine mögliche Lesart. »So gib doch endlich Frieden.«

Und obgleich das Zeitalter der Aufklärung Jahrhunderte zurückliegt, ist noch immer vieles nicht endgültig durchgesetzt, was die großen Denker damals anstoßen wollten für die Freiheit des Menschengeschlechts, für die Humanität. Jedes Mal, wenn eine Gesellschaft in eine neue Krise gerissen wird, ist es mit Händen zu greifen, so meint die Autorin, *wie dünn die Decke der Zivilisation ist.* Wie gefährdet die Übereinkunft, unser menschliches Gemeinwesen auf der Vernunft zu gründen. Die Decke, die die Zivilisation, die Religion, die Erziehung, die Kultur im weitesten Sinne also, über die Rohheit der Spezies Mensch gelegt hat, sie »reißt an vielen Stellen«. Die nahe Verwandtschaft dieser Gedanken zu einem Motiv bei Anna Seghers ist unverkennbar:

»Wie dünn ist die Haut auf dem Vieh von Mensch! Wie fadenscheinig ist das Gewebe von alledem, was sie seit ein paar tausend Jahren gelernt haben. […] Die zehn Gebote: Du sollst nicht stehlen, du sollst nicht töten. Wie alles dünn war, was unsere Lehrer gelehrt haben und unsere Dichter gedichtet. Wie dünn! Und unsere Pfarrer gepredigt. Es war so dünn wie die Haut.« So steht es in ihrem großen Epochenroman »Die Toten bleiben jung« (1949). Als die Seghers damals jene mörderische Epoche zwischen dem Ersten und dem Zweiten Weltkrieg bilanzierte, anhand der Lebensgeschichten ihrer Hauptfiguren, war ihr bewusst geworden: Die humanistische Bildung, auf die Deutschland einmal so stolz war, ist wirkungslos geblieben und zerschlissen. Das Wort vom Volk der Dichter und Denker – zur hohlen Phrase geworden. Ja selbst das, was *unsere Pfarrer gepredigt haben*, war keine wirksame Hilfe, die Gefährdungen dieser entsetzlichen Epoche zu bestehen, dem Teufel zu widerstehen. Auch die Kirche als Institution hatte versagt. Tatsächlich, *wie dünn die Haut* – es ist nur eine dünne Schicht der Zivilisation, und darunter kommt die Bestie zum Vorschein. Und immer wieder, zu allen Zeiten, haben die Dichter, die Künstler, die Intellektuellen von vorn begonnen, die Zivilisation zu befestigen. Denn wenn es keine Zukunft mehr gäbe, wäre das Vergangene umsonst gewesen. Es muss eine Zukunft geben! Und der spanische Maler Francisco de Goya stellt seine Caprichos unter das Motto: »Wider den Schlaf der Vernunft«.

Wüstenfahrt

... jetzt übertrug sich unsere Spannung auf die Landschaft, die sachte, ganz sachte aus ihrer verwunschenen Dunkelheit aufzutauchen begann. Hier fand eine Erlösung statt, und wir waren ihre Zeugen, denn nun konnte es sich nur noch um Minuten, dann um Sekunden handeln, bis die Quelle dieses wunderbaren Lichts sich zeigen mußte.

Wieder ist es der Himmel, der Christa Wolf zu großen Worten hinreißt. Ein Motiv und eine Faszination, die wiederkehren seit ihren frühen Texten und auch in dieser Erzählung aus den späten neunziger Jahren zu finden sind. Der Himmel, der sich über die Erde spannt, das scheinbar Alltägliche, jederzeit wahrzunehmen, und doch für sie alles andere als das. Ein Naturschauspiel, dem sie sich ganz öffnet, für das sie jedes Mal wieder neu empfänglich ist – in seiner Schönheit wie auch in seiner Symbolhaftigkeit.

Die Ich-Erzählerin lebt Anfang der neunziger Jahre eine Zeit lang in Santa Monica, Kalifornien, amerikanische Freunde laden sie ein zu einer Wüstenfahrt. Gemeinsam wollen sie eine Vollmondnacht in der Wüste erleben: Das müsse man gesehen haben, das sei ein großartiges Spektakel. An dem von Susan organisierten Ausflug ist schließlich beinahe alles schief gegangen, was schief gehen kann. Dem Erlebnis des Vollmonds an einem überwältigend großen Himmelszelt aber kann das alles nichts anhaben. Es ist so hinreißend, dass alles andere in der Erinnerung verblasst, als sei es nur nebenbei geschehen. Das Eigentliche ist die Naturerscheinung. Und es ist schön, davon zu hören.

Warum zieht es Menschen in die Wüste? Warum sind sie geradezu getrieben von dem Willen, sich einem großen Naturschauspiel auszusetzen, immer wieder, seit alters her? Um die eigene Winzigkeit und Verlorenheit intensiv zu spüren? Um sich der eigenen Vergänglichkeit angesichts der Unendlichkeit und Größe der Natur bewusst zu werden? Vielleicht. Möglicherweise auch, um den Schauer zu spüren, den die Kraft einer im Grunde lebensfeindlichen Wüste auf uns und unseren Lebenswillen ausübt. Von all dem ist immer etwas dabei.

Die Wüste, in der – wenn auch nur scheinbar – nichts wächst, nichts lebt, ist der sichtbare Gegensatz zum Lebendigen. Sie ist bedrohlich und faszinierend zugleich, sie ist vor allem eines: schön.

Der Text lebt aus Gegensatzpaaren, die der Geschichte Würze geben. Verschiedene Welten stoßen hart aufeinander: Nacht und Tag, Mond und Sonne; Amerika und Europa, kalifornische Lässigkeit und deutsche Pünktlichkeit, die nicht nur die Ich-Erzählerin, sondern auch eine andere deutsche Teilnehmerin am Ausflug charakterisieren. Der phantastische Himmel ist das Eine; die menschlichen Beziehungen, die sich darunter abspielen, sind das Andere. Daraus entwickelt »Wüstenfahrt« eine latente innere Spannung. Witzig ist, wie die Autorin in ihrem Text »Begegnungen Third Street«, der die Zeit in Kalifornien aus zeitlichem Abstand erinnert, auf einmal das Zugehörigkeitsgefühl entwickelt: Ihr Mann kommt über den Jahreswechsel aus Berlin zu Besuch, sie zeigt ihm die Landschaft und ertappt sich bei einem Stolz auf die malerische Santa-Monica-Bucht und die üppigen Palmen-Alleen, »als hätte ich das alles selbst erfunden«. Als wäre das Fremde plötzlich das Eigene. Eine Verkehrung, die nun auch Nähe zulässt.

Die Erzählerin beschreibt die Fahrt in die Wüste in aller Ausführlichkeit, mit allen Details. Sie spricht selbst von ihrer »Berufskrankheit«, das Geschehen in aller Schärfe zu beobachten, um es dann später so genau wie möglich beschreiben zu können. Das habe ihr in manchen brenzligen Situationen ihres Lebens schon geholfen: sich umzuschauen und der inneren Stimme zu gehorchen, sich alles exakt einzuprägen. Wir, die Leser, profitieren davon.

Die acht Freunde fahren mit zwei Autos von Los Angeles in den Nationalpark, später stoßen noch zwei weitere Teilnehmer dazu. Erst kommen sie viel zu spät weg aus der Stadt, dann werden die Verabredungen nicht eingehalten, und schließlich, nachdem sie ihr Gepäck im reservierten Quartier abgestellt haben, müssen sie sich auch noch beeilen, um nicht am Ende den Sonnenuntergang zu verpassen. Dann aber ist das Schauspiel, das sich ihren Augen bietet, überwältigend und entschädigt für all das kleine Gezänk. Die Joshuatree-Vegetation ist fremdartig genug, bizarr und seltsam muten die kakteenartigen Bäume an. Auch die Fußwanderung zu einer Stelle, von der aus man die Mondnacht genießen will, geht nicht ohne Schwierigkeiten vonstatten. Wie Ziegen müssen sie den Hang hochklettern. Doch dann: Ein irres Farbenspiel am Himmel beim allmählichen Verlöschen der Sonne löst in der Ich-Erzählerin ein Meer an Gefühlsnuancen aus. Bevor die Sonne in der Nähe von Santa Monica endgültig im Pazifischen Ozean eintaucht, leistet sie sich eine grandiose Inszenierung in Rot und Braun und Violett, in allen Abstufungen von Flieder- und Malvenfarben – am Himmel und auf der Erde. Die Erzählerin, gewöhnt an die eher flachfarbenen Himmel von Berlin und Mecklenburg, öffnet ihre Seele weit für das üppige Angebot der Natur.

Nach der waghalsigen Kletterpartie auf die Bergabhänge der Wüstenlandschaft macht sich die Gruppe auf den Rückweg, um den so sehr erwarteten Mond endlich zu sehen. Als erste entdeckt die Ich-Erzählerin einen Schein, der hinter der Gipfellinie ein seltsam gelbes Licht hervorbringt, wie von einer unsichtbaren Quelle herkommend. Ein Licht, das sich mehr und mehr vor dem schwarzen Horizont ausbreitet. Da spricht sie jenes Wort aus: *Erlösung*. Wer aber wird wohl erlöst? Die Natur? Die Menschen? Ihre angespannte Erwartung? Die Quelle dieses wunderbaren Lichts wird sich ihnen zeigen, und sie werden den Vollmond sehen, jenen mit Bedeutung aufgeladenen Himmelskörper, auf den die deutsche Literatur in Klassik und Romantik so vieles projiziert hat. »Füllest wieder Busch und Tal still mit Nebelglanz, lösest endlich auch einmal meine Seele ganz«. Diese Verse von Goethe, hat sie nicht die Kranke in Christa Wolfs Buch »Leibhaftig« so stark empfunden, dass sie sich an den beschwörenden Worten festklammern kann in ihrer beinahe ausweglosen Lage? Können Worte heilen? Sie, die Schriftstellerin Christa Wolf, hat es in ihrem Leben mehr als einmal erfahren, wie Worte der Dichter helfen können zu überleben, und sie erzählt davon. Viele ihrer literarischen Gestalten machen diese Erfahrung,

Rita im »Geteilten Himmel« ebenso wie die Ich-Erzählerin in »Sommerstück« oder »Störfall«.

Der Ausflug der kleinen Gruppe von Freunden in den Wüsten-Nationalpark endet schließlich gegen Mitternacht in einer Bar, wo man sich, hungrig und durstig, gerade in letzter Minute eingefunden hat, um noch bedient zu werden. Dann, auf einmal, das unbändige Lachen, das ihnen aus vollem Halse kommt, erleichternd und befreiend. Von Lachkrämpfen sogar ist die Rede. Ein Zeichen dafür, wie Kontraste empfunden und produktiv gemacht werden. Auf die Tragödie folgt die Farce. Völlig nebensächlich, was da womöglich schief gelaufen war. Man kann darüber lachen, man schüttelt es lachend von sich ab. Was bleibt, ist das Erlebnis, das sie alle miteinander verbindet.

Ihr starkes, drängendes Bedürfnis, *mehrere Leben in dieses eine zu schachteln*, sich zu verdoppeln, von dem die Autorin einmal spricht – hier kommt sie der Erfüllung nahe. In einer Situation außerhalb des Normalen, Alltäglichen, in der Wüste also mit all ihren Bedeutungen, fühlt sie die verschiedenen Faserstränge, die auf sie zulaufen. Und wenn sie bereit ist, sie aufzunehmen, wie man Fäden beim Stricken aufnimmt, dann wachsen ihr Leben zu, mehr als das eine. Ingeborg Bachmann hat einen solchen Gedanken in einem ihrer persönlichsten Gedichte ausgesprochen, »Das erstgeborene Land«. Für die Dichterin ist es Italien, ihr Urerlebnis, die Landschaft ihrer Seele, das Volk, in dem sie sich zu Hause fühlt: »Da fiel mir Leben zu.« Süchtig nach Leben zu sein, von diesem Gefühl ist auch die Erzählerin jener Geschichte besessen: Soviel wie möglich davon in sich aufzunehmen, einzusaugen – um daraus etwas Neues hervorzubringen: Kunst.

Leibhaftig

Spät am Abend fragt sie Kora Bachmann, ob sie wisse, daß der Schmerz, den man bei einem Verlust empfinde, das Maß sei für die Hoffnung, die man vorher gehabt habe. Kora wußte es nicht. Der Spur der Schmerzen nachgehen, sage ich zu ihr, ungewappnet, das wäre der Mühe wert. Das wäre des Lebens wert.

Die Schriftstellerin schickt ihre Hauptfigur in eine tiefe Krise. Sie erlebt gewissermaßen eine Hadesfahrt, eine Begegnung mit dem Tod. Doch sie kommt aus der Grube wieder heraus – fast ist es ein Wunder. Nicht ein Wunder der Natur, nicht ein Wunder der Medizin, sondern Resultat einer gewaltigen Anstrengung des eigenen Willens. Die Erzählung führt diesen mühevollen, qualvollen Prozess der Genesung vor als einen Akt der Bewusstwerdung.

Es geht zu wie einst in Max Frischs Roman »Stiller«, wo der Ich-Erzähler in seiner Gefängniszelle festgesetzt war, aus der er nicht herauskommen würde, bevor er nicht eingesteht, wer er wirklich ist, bevor er nicht selbst erkannt hat, was mit ihm los ist. Dieser Mann wird verpflichtet zu schreiben, aufzuschreiben, schriftlich Rechenschaft abzulegen, was mit ihm geschehen ist, und erst im Prozess des Schreibens selbst nähert sich die Figur der Fähigkeit und Bereitschaft an, sich wieder als der Mensch anzunehmen, der er geworden ist.

So ist auch Christa Wolfs weibliche Hauptfigur von Anfang bis Ende der Erzählung gewissermaßen in einer Zelle festgesetzt, nämlich im Krankenzimmer, an ihr Klinikbett gefesselt. Zum Schreiben allerdings ist sie physisch überhaupt nicht in der Lage. Ihre Figur ist lebensbedrohlich erkrankt und muss durch eine schlimme Zeit hindurch, durch einen langen dunklen Tunnel des Bewusstwerdens, den argen Weg der Selbsterkenntnis gehen, bevor sie aus der Grube ausfahren darf: im realen Sinne die Lebensgefahr hinter sich lassen kann. Das Krankenbett als ein Ort des Innehaltens, des erzwungenen Stillstands, an dem man genötigt ist zu schmerzhafter Selbsterkenntnis, bei Strafe des Untergangs zu erkennen, wer man selber ist und wo in der Welt man hingehört. Scheinbar so leicht und selbstverständlich. Und doch so furchtbar schwer in Zeiten, in denen früher festgeglaubte Werte ins Wanken geraten. Es ist ein großes Bild, mit dem die Autorin die existentielle, lebensbedrohende Erfahrung ihrer Figur deutlich macht: In die Grube fahren, bis auf den Grund, ganz tief hinunter. Denn nur dort, wo ein Ausweichen vor der eigenen Courage nicht mehr möglich ist, stößt der Mensch auf sein unverstelltes, unbeschönigtes Ego. Es ist eine Grenzerfahrung im Wortsinne: an der Grenze zum Tod. Sie fühlt sich am Boden eines Schachts, aus dem sie nicht herauszufinden scheint. Ihre Kräfte versagen. Dieses In-die-Grube-fahren, ins Dunkle, um Klarheit zu gewinnen über sich bzw. darüber, was man selber und andere einem zufügten, ist ein Grundmuster literarischer Weltdeutung und Ich-Suche. Auf dem Grund erst kann man sich selber wieder finden.

Die Kranke versammelt auf ihrer Hadesfahrt assoziativ Freunde um sich, Gefährten, die wie sie mit den Mitteln der Literatur versucht haben, Krisen durchzustehen: Franz Fühmann etwa, dem auf dem Sterbebett schlagartig bewusst geworden war, wie er sein »Bergwerk«-Projekt – seine Hadesfahrt – anfassen und bewältigen könne. Wie lange hatte auch dieser vertraute Freund Christa Wolfs um seinen Stoff gerungen, von dem er sagte, er sei der Bodensatz seines Lebens, seiner Lebenserfahrung! Aber erst ganz am Ende, im Angesicht des Todes, findet er den Zugang, der auch künstlerisch das Projekt hätte gelingen lassen – wenn Fühmann nicht dem Krebs erlegen wäre, beinahe im selben Augenblick.

»Es ist nicht die Zeit für Ich-Geschichten«, sagt Max Frisch einmal, »und doch vollzieht sich das menschliche Leben oder verfehlt sich am einzelnen Ich, nirgends sonst.« Dieser Gedanke von Frisch, der auch für Christa Wolf zu den Freunden und geistigen Partnern zählt, trifft damit genau die Intention dieses Buches, wie vieler anderer Erzählungen der Autorin. Nur am einzelnen Ich, auch am eigenen Ich, kann sie der Problematik ihrer Zeit wirklich auf die Spur kommen.

Leibhaftig also, am eigenen Leibe hat Christa Wolfs Figur eine tiefgreifende Verletzung zu bestehen – »verletzt« ist das erste Wort des Buches. Eine gefährliche Bauchhöhlenvereiterung ist das klinische Krankheitsbild. Auch das kann auf der symbolischen Ebene gedeutet werden: Zwischen Bauch und Kopf spielt sich alles ab. Was die Kranke zuerst »im Bauch« spürt, muss sie im Kopf durcharbeiten, um die Verletzung zu heilen, die Gefährdung zu überwinden. Es ist eine doppelte Verletzung – eine real physische und eine des Bewusstseins. Von beiden muss sie sich befreien. Der Heilungsprozess kann nur als doppelter gelingen.

In wunderbar leichten nächtlichen Flügen mit ihrer Anästhesistin, der »dunklen Frau«, der zarten, schönen, treibt sie visionär über die Stadt hin, an Chagalls Bilder erinnernd, wo die Gestalten von der Schwere ihres irdischen Daseins wie erlöst erscheinen und sich darüber erheben. Oder sie tritt in ihren Träumen in die Unterwelt der Kellerlabyrinthe unter den Häuserzeilen ein, geradezu in ihr »Bergwerk«, um nach dem zu suchen, was sie so gänzlich um ihre Kräfte gebracht hat. Dieses Gleiten und Schweben, die Fortbewegungsart der Träume, wird festgemacht an realen Orten des eigenen Lebens: Aus dem Fenster ihres Berliner Zimmers schwebt sie hinaus zu den Schauplätzen der irrealen Begegnungen.

Die Anästhesieärztin trägt im Buch den Vornamen Kora, unverkennbar eine Assoziation zur mythologischen Kore-Figur, die in der Unterwelt zu Hause ist, jeweils die Hälfte eines Jahres. Die Wiederauferstehung der Kore im Frühling markiert den Neubeginn des Lebens, wenn der Winter zu Ende geht, die lange und harte Zeit des Stillstands in der Natur. Kore war auch die Botin, die die Noch-nicht-Toten auf dem Weg zum Hades abfängt und zurückbringt ins Leben. Eine vieldeutige Symbolik. Die Ärztin Kora nun ist der Kranken an die Seite gegeben, als Wegbegleiterin, als Mutmachende, als Verbindungsglied zwischen Ober- und Unterwelt, zwischen Bewusstsein und Unterbewusstsein, Hell und Dunkel, Tag und Nacht. Sie befindet sich während der Krise ihrer Krankheit im Zwischenreich zwischen Leben und Tod. Noch ist nichts entschieden. Im Halb- und Unterbewussten, in den Träumen wird die Entscheidung auf Leben und Tod ausgetragen.

Diese Traumbeschreibungen gehören zum Schönsten in der Erzählung »Leibhaftig«. So heißt es, die Kranke und ihre

Begleiterin haben sich aus den Gräben erhoben und schweben nun über den nächtlichen Straßen Berlins, die Friedrichstraße hinunter, schwenken dann Unter den Linden nach links, und wie arme verirrte Seelen begegnen ihnen nur vereinzelt ein paar Autos, keine anderen Menschen. Es ist ein langsames, tastendes Vorwärtsbewegen, wie in einer Filmsequenz verlangsamt in den Abläufen, damit man alles viel genauer wahrnehmen kann. Zugleich aber ist es eine Verfremdung.

Schließlich münden die nächtlichen Ausflüge in der Unterwelt, im Schattenreich des Unterbewusstseins. Die Kranke muss hinabsteigen in die Keller unter den Häusern der Berliner Straßen. Und plötzlich sind das die Keller der Vergangenheit, in denen sich die schaurigen Geschichten aus ihrer Kindheit abspielen: die Leiderfahrung ihrer Tante, die während der Nazizeit einen jüdischen Arzt liebt und von ihm ein Kind erwartet, den Cousin der Ich-Erzählerin, wie sie es im Roman »Kindheitsmuster« genau recherchiert und erzählt hat. Das ins Unterbewusste Verdrängte verharrt in den Kellern unter dem Oberflächenleben, und in Krisenmomenten kann es zur Frage des Überlebens werden, sich ihm zu stellen, es auszugraben und zu erinnern.

Die Ärztin heißt Kora Bachmann. Zufall ist das bei Christa Wolf nicht. Auch die Dichterin Ingeborg Bachmann gehört zu den Weggefährten, die sich die Kranke auf ihrem langen, einsamen Weg als Beistand herbeiruft, um zu gesunden. Hatte nicht auch Ingeborg Bachmann in einem ihrer letzten und zugleich schönsten Gedichte, »Böhmen liegt am Meer«, genau davon gesprochen, zum Grund vorzustoßen als einziger Rettungsmöglichkeit: »Ich will nichts mehr für mich. Ich will zugrunde gehn./ Zugrund – das heißt zum Meer, dort find ich Böhmen wieder./ Zugrund gerichtet, wach ich ruhig auf./

Von Grund auf weiß ich jetzt, und ich bin unverloren.« Später, wenige Wochen vor ihrem Tod in Rom, hat die Lyrikerin dieses wundersame Motiv von Böhmen am Meer präzisiert: Es ist ihr Sehnsuchtsland, die Hoffnung aller Menschen, die noch hoffen können. Wir alle, sagt sie da, hoffen auf dieses Meer und dieses Land. Und wer nicht hoffen könne und wer nicht lieben könne, der habe sein Menschlichstes eingebüßt. Für Ingeborg Bachmann bedeutet dieses letzte Gedicht ihre Heimkehr, das Wiederfinden ihrer Selbstgewissheit.

Ganz wesentlich ist für die kranke Ich-Figur bei Christa Wolf, dass ihre Begleiterin Kora ihr nicht die Hand entzieht, sie also nicht sich selbst überlässt auf ihren nächtlichen Irrwegen. Kora kommt, wenn es dunkel ist. Denn einen anderen Menschen braucht jeder, wenn er mit sich ringen muss, einen Beistand, der ihm in Augenblicken des Zweifels oder der Verunsicherung den Ansporn gibt, nicht aufzugeben, nicht nachzulassen mit seiner Anstrengung. Wie schwer ist es, immer wieder von neuem die Lebenskräfte zu mobilisieren, wenn, wie im Fall dieser Kranken, die hartnäckige Infektion nicht zu weichen scheint, trotz aller Bemühungen der Ärzte. Was, fragt der Chefarzt, hat die Widerstandsfähigkeit der Kranken so gänzlich zusammenbrechen lassen? Die medizinischen Fakten bieten keine ausreichende Erklärung. Um der Patientin helfen zu können, muss er wissen, warum ihre Immunabwehr nicht mehr funktioniert. Warum sich ihr Körper allen Hilfsmaßnahmen hartnäckig verweigert. Vielleicht, räumt die Kranke immerhin ein, weil dieses Immunsystem ersatzweise den Zusammenbruch übernommen habe, den sie selbst sich nicht gestattete. Ein Stellvertreterkrieg gewissermaßen, der da in ihr ausgetragen wird – auf Leben und Tod. Der Körper reagiert auf seine Weise, wenn die Psyche sich nicht mehr zu helfen weiß. Er zieht die Notbremse. Eine Erklärung, die die Ich-Erzählerin zuerst nur zaghaft zulässt. Restlose *seelische Erschöpfung* ist etwas, das kein Blutbild anzeigt. Die Kräfte, die sie an ihre einmal so große Hoffnung, die Ideale der frühen Zeit verschwendet hat, sind so weit aufgebraucht, dass nichts mehr für sie selbst übrig zu bleiben scheint.

Immer sind diese Krankheitsgeschichten bei Christa Wolf an Zeiten gesellschaftlicher Krisen und Umbrüche gebunden. Es ist durchaus keine bloß »private« Erfahrung. Das war so im »Geteilten Himmel« und auch in »Nachdenken über Christa T.« Die Erzählung »Leibhaftig« spielt im Jahr 1988. So schwingt die ganze Erzählung lang die Vorausahnung des folgenden Zusammenbruchs als Subtext mit. Es war die Niedergangsphase einer Gesellschaft, an der man doch mit allen Fasern gehangen hatte. Symptomhaft wird auch hier die Reibung an der Gesellschaft einzig an einer Person festgemacht.

Für jene fatale Entwicklung, aus der die Kranke ihren Leidensdruck empfängt, wird ihr alter Studiengefährte und geistiger Widerpart Urban zum Exempel. Von diesem einstigen Freund, der in der DDR eine maßgebliche kulturpolitische Funktion ausübt, hat sie sich entfernt, als der den steilen Weg zur Macht nahm und, ohne mit der Wimper zu zucken, frühere Gleichgesinnte dabei zurückließ. Jetzt ist Urban verschwunden, gilt als vermisst. Ist er ausgewichen, hat er aufgegeben? Keiner weiß es. In ihren Fieberträumen treibt die Kranke die Auseinandersetzung mit ihm voran, der sie in der Wirklichkeit ausgewichen war. Urban, ihr Freundfeind, ist einer, der, ohne es sich selber einzugestehen, genau das bedient, was die Machthaber von ihm erwarteten. Deshalb haben sich ihre Wege getrennt. Er verliert dabei sein Ich, büßt seine Identität ein. Sie kämpft darum, ihre Identität zu befestigen – gegen Widerstände, die Kraft kosten.

Was in der Wirklichkeit versäumt wurde, muss sie in den Fieberträumen nachholen – bei Strafe ihres Untergangs. Manches im Leben darf nicht versäumt werden. Sie muss diesen Widerspruch aushalten – oder daran zu Grunde gehen. In der Konfrontation mit dem Anderen muss sie bis zur Wurzel, zum Eiterherd vordringen, auch wenn es schmerzt. Und es tut weh, sehr weh. Der Körper signalisiert unmissverständlich die Stärke der verlorenen Hoffnungen. In der Krankheit erst begreift sie den Schock, dass alles, was man sagt oder schreibt, verfälscht wird durch das, was man nicht sagt oder schreibt, nicht wagt auszusprechen. Auch eine halbe Wahrheit ist eine Verfälschung. Also muss sie reden. Jetzt endlich wird sie der *Spur der Schmerzen* nachgehen. In dem Moment, als Urban tot aufgefunden wird, erwacht ihr Lebenswillen um so unauslöschlicher. Die Krise des Körpers wird überwunden. Das Fieber sinkt. Die Klarheit kommt zurück. Der Tod des Einen ist das Lebenssignal der Anderen.

Wer jemals in eine existentielle Krise gerät, wird wissen, wie notwendig der Beistand anderer ist. Wann immer jemand sich ganz tief unten fühlt, wird er sich auch des Beistands der Kunst versichern, von Musik oder Literatur, um wieder herauszufinden aus einem Labyrinth, das ihm in Momenten der Not unentrinnbar vorkommt. Dieses Buch von Christa Wolf kann dabei nützlich sein, ebenso wie die Kranke in der Erzählung sich in ihren aussichtslosesten Stunden auf Gedichte besinnt, die ihr so notwendig zum Überleben scheinen wie die Luft zum Atmen, wie Sonne und Licht: Ein blauer Band mit Goethe-Gedichten, den der Mann ihr ans Krankenbett bringt, ist solch ein Lichtblick im doppelten Sinne. Ganz besonders ist es ein Text, den die Kranke sich immer wieder ins Gedächtnis ruft, dessen Verse sie mit aller Kraft zu rekonstruieren sucht: Goethes »An den Mond«. Mit seinen so ungeheuer tröstlichen Zeilen trägt das Gedicht dazu bei, dass sich ihre seelischen Kräfte stabilisieren können. »Füllest wieder Busch und Tal/ still mit Nebelglanz./ Lösest endlich auch einmal/ Meine Seele ganz.« Die Fieber- und Angstträume aber kommen immer wieder. So schnell gibt sich die hartnäckige Sepsis nicht geschlagen. So werden ihr in ihren bittersten Tagen Goethes Gedichte zu einem Rettungsanker.

Kora, die Anästhesistin, wird von der Kranken als die *Nacht- und Mondfrau* wahrgenommen, denn oft, wenn sie Nachtdienst hat, wacht die junge Ärztin am Bett der Ich-Erzählerin. Die spürt, wie eine heilende Wirkung von ihr ausgeht. Heilung, wenn überhaupt, geschieht in der Nacht. Dem Mond werden seit alters her Wirkungskräfte wie Weisheit und Vernunft zugeschrieben. In den meisten Völkern wird der Mond als weibliche Gottheit verehrt. Die Mondgöttin und die Schöpferin des Lebens waren in alten Kulturen identisch. So galt bei den Römern Minerva als Göttin der Weisheit und des Mondes. Die Eule, der Vogel der Nacht, ist ihr Erkennungszeichen. Die geheimsten weiblichen Kräfte werden mit dem Mond in Verbindung gebracht. Magie und geheimnisvolle Rituale stehen deshalb in der Macht der Mondfrau. So ist es nicht verwunderlich, dass die Flüge durch die Straßen Berlins nur in Begleitung von Kora Bachmann denkbar sind.

Die Kranke, die von Beruf Schriftstellerin ist, fühlt sich der Medizinerin in seltsamer Weise verwandt. In einem der Gespräche um Mitternacht benennt sie die Berührungspunkte mit der anderen, die dem Schmerz im Körper nachspüre, wie sie selber dem der menschlichen Psyche. Eigentlich, so meint sie, hätten sie den gleichen Beruf. Im Wachzustand versucht die Kranke dann, die traumhaften Visionen der nächtlichen Ausflüge schriftlich festzuhalten – auch das ein Teil des Genesungsprozesses. Sie muss, im doppelten Sinne, zur Sprache bringen, was ihr zustößt. Nur dadurch kann sie sich wieder ins Leben zurückschreiben.

Auf den ersten Blick ist Christa Wolf keine Erzählerin von Märchen. Und doch bedient sie sich immer wieder auch solcher Motive, die auf märchen- und sagenhafte Ursprünge deuten. Das ist so bei ihrer wohl wichtigsten weiblichen Gestalt, Kassandra, wie später auch bei der Romanfigur Medea. Hier, in der Begegnung mit der Ärztin Kora Bachmann, einer Frau, die ganz fest im praktischen Leben steht, kommt sie gar ohne den Mythos nicht aus. Kore, mit anderem Namen Persephone, und ihre Mutter Demeter, die um sie trauert, als die Tochter vom Gott der Unterwelt in sein Reich hinabgezogen wird, sind die sagenhaften Sinnbilder eines Musters, das die Erzählerin dringend braucht zur Deutung dessen, was ihr *leibhaftig* widerfahren ist. Der Mythos hilft ihr, die Krise zu überwinden und zu genesen.

Ein Tag im Jahr
Donnerstag, 27. September 1984

Ich denke daran, daß bei mir gerade die Vorschreibphasen die schönsten Zeiten sind, wenn ich Notizen mache, Namen erfinde oder suche, Entwürfe aufschreibe, mir jedes Mal wieder vorstelle, das Buch werde so schön und vollkommen sein, wie ich es in dieser Phase in mir trage, sehe. Wie es sich bewegt. Anscheinend hat man mich nicht als Kind mit dem Satz infiziert: Das kannst du sowieso nicht. Gunst des Schicksals und meiner Eltern [...].

An diesem Abend um dreiviertel sechs sitzt Christa Wolf am Schreibtisch in ihrer Berliner Wohnung in der Friedrichstraße und hält die Notizen des Tages fest. Wie so oft, beginnt er am frühen Morgen. Alltägliche Verrichtungen, Telefonate, Korrespondenzen. Sie wird den Tag planen, ihre Arbeit einteilen, das Notwendige und das Erwünschte, die Stunden am Schreibtisch, die Zeit mit ihrem Mann. Vielleicht schaut sie zwischendurch auf die belebte Friedrichstraße hinaus, der Verkehr strömt in beiden Richtungen an ihrem Wohnhaus vorbei, südlich zum S-Bahnhof Friedrichstraße, nördlich zur Chausseestraße hinunter, wo einst Brecht wohnte.

Immer wieder an einem bestimmten Septembertag notiert Christa Wolf ihre Gedanken, Erlebnisse, Erfahrungen über einen langen Zeitraum, von 1960 bis 2000. Es ist auch Brechts »blauer Mond September«, die blaue Stunde der Erinnerung. September, der Monat des Abschieds vom Sommer, der Erinnerung und damit auch der Bilanz, die man ziehen mag. Es ist die Jahreszeit des Wechsels. Die Schatten werden länger, das Licht verändert sich, wird schärfer, konturenreicher. Zeit, die Ernte einzufahren, sich Rechenschaft abzulegen darüber, was ist geschafft, was bleibt offen. *Schreiben als Widerstand gegen den unaufhaltsamen Verlust von Dasein,* hält die Autorin ihre Intention fest. Etwas in der schnell und immer schneller fließenden Lebenszeit soll bleiben von dem, was ihr Dasein bestimmt. Dafür bietet sich der Monat September geradezu an. Brechts Gedicht suggeriert die Erinnerung an eine Jugendliebe, längst vergangen, doch im Gedächtnis als eine schöne, ein bisschen wehmütige Empfindung lebendig geblieben (»Erinnerung an die Marie A.«). Auch Christa Wolf muss dieses Flair des Monats September lieben. *Die Äpfel an den Bäumen. Das Laub beginnt sich zu färben,* so beobachtet sie. *Die verschiedenen Brauntöne auf den umgepflügten Feldern.*

Es ist ein sehr politisches Buch, keinerlei Verklärung des Vergangenen darin. Die Tagebuchschreiberin registriert sehr genau die jeweiligen politischen und kulturpolitischen Verwicklungen der Zeit. Ausgelöst wird das jährliche Aufschreiben 1960 durch einen Aufruf der Moskauer Zeitung »Iswestija« an die Schriftsteller der Welt, den 27. September jenes Jahres so präzise wie möglich zu beschreiben. Davon fühlt sie sich herausgefordert. Fortan nimmt sie sich in jedem der folgenden vierzig Jahre Zeit und Gelegenheit, gerade diesen Tag festzuhalten. Und wenn die Zeit herankommt, fällt ihr mitunter im letzten Moment ein: Ach, heute ist ja der »Tag des Jahres«. Es wäre nicht Christa Wolfs Tagebuch, wenn wir nicht eine deutliche Vorstellung auch von den tagespolitischen Begebenheiten erhalten würden.

Vor allem jedoch erfahren wir manches über den Alltag der Schriftstellerin und ihre literarischen Vorlieben, ihre Gespräche mit Freunden oder Briefpartnern. Am 27. September 1984 früh um acht also setzt sie sich an den Schreibtisch und schreibt *die ersten Sätze.* Aber sie betreut auch die kleine Enkeltochter Helene, mit deren Augen sie beim Spazierengehen zuweilen ein Stück Berlin wie zum ersten Mal sieht. Die Genauigkeit und Poesie des kindlichen Entdeckerblicks. Der vergangene Tag zum Beispiel war damit zu Ende gegangen, dass sie die Windel der Kleinen auswusch, *Punkt Mitternacht.* Die Pflichten der Großmutter, denen sie sich gern stellt. Die Familie, ein fester Bestandteil des Lebens.

Später kommt, neben viel anderer Post, ein Brief von Elisabeth Reichardt aus Wien. Sie klagt über ihre Schwierigkeiten beim Anpacken eines neuen Schreibprojektes. Immer der Zweifel, ob man es schaffen werde, »dieser quälende Zustand«. Christa Wolfs Septembertag im Jahr 1984 dagegen teilt etwas mit über die eigene Freude, mit einem neuen Buch zu beginnen. »Jedem Anfang wohnt ein Zauber inne«, wissen wir von Hermann Hesse. Die schöne Jungfräulichkeit eines neuen Projekts, noch in der Phase der Planung, des Durchdenkens, teilt sich mit. Alles scheint möglich, wie die Autorin es in Gedanken vor sich sieht. *Wie es sich bewegt.* Eine ganz charakteristische Formulierung, denn längst ist der Schriftstellerin noch nicht im einzelnen klar, wie der Text einmal aussehen wird. Aber das Projekt bewegt sich in ihrem Kopf, dreht sich wie vor dem Spiegel, betrachtet sich von verschiedenen Seiten. Noch probiert sie die Tonlage aus, versucht verschiedene Namen, Konstellationen der Figuren. Lässt sich anregen von Lektüre. Das neue Buch wächst im Kopf der Schriftstellerin heran. Allein aus der Entstehungszeit des Romans »Kindheitsmuster« berichtet sie von unzähligen verschiedenen Anfängen, bevor der richtige, der endgültige Ton sich einstellt.

An einem anderen 27. September, 1987, notiert sie, gerade habe sie *ein paar Zeilen aus den Tagebüchern der Virginia Woolf* gelesen und sei *eigenartig berührt von mancher Ähnlichkeit in den Empfindungen.* Die Wahlverwandtschaft zu anderen Künstlern ist für Christa Wolf stets anregend. Im Austausch, in der Reibung mit einem anderen Werk wachsen dem eigenen Flügel. So ist es im Umgang mit Max Frisch, mit Ingeborg Bachmann, mit Franz Fühmann, im Briefwechsel mit der Psychologin Charlotte Wolff, den sie später selbst als Buch herausgeben wird. Das Wiederfinden des Eigenen im Fremden, einer der wichtigsten Antriebe, Kunst aufzunehmen. Man sucht sich selber, oder man kann das Eigene im Abstoßen vom Fremden schärfer erkennen. Was der Einzelne dann daraus macht, ist sein *Werk.*

Nachsatz

Die Gelegenheit war da, alle Prosatexte Christa Wolfs noch einmal zu lesen. Einige sind mir über die Jahre so nahe geblieben, so vertraut, dass ich ganze Passagen daraus noch im Kopf hatte: »Kassandra« etwa, »Nachdenken über Christa T.«, »Kein Ort. Nirgends«, »Lesen und Schreiben«. Bei manchen Texten fiel mir, kaum hatte ich sie zur Hand genommen, alles wieder ein: meine Freude, meine Erregung bei der Lektüre, meine tiefe Zustimmung, ja sogar eventueller Widerspruch, so etwa bei »Der geteilte Himmel«, »Max Frisch. Beim Wiederlesen«, »Kindheitsmuster«. Andere Texte musste ich erst langsam wieder erschließen und las sie jetzt wie zum ersten Mal, z. B. »Wüstenfahrt«: Da entdeckte ich die Schönheiten, die überraschenden Färbungen und Wendungen, die filigrane Ironie ganz neu, mit anderen Augen. Denn auch als Leser verändert man sich ja. Nicht mit allen Büchern von Christa Wolf erging es mir gleich. Doch bei vielen wusste ich beinahe sofort, welches meine liebste oder »schönste Szene« ist. Mehrere ihrer Bücher habe ich in den vergangenen Jahren als Literaturkritikerin öffentlich begleitet: »Kein Ort. Nirgends«, »Störfall«, »Sommerstück«, »Medea Stimmen«, »Leibhaftig«.

Die Erzählung »Kassandra« aber war von ihrem Erscheinen an mein Lieblingsbuch von Christa Wolf – und ist es geblieben.

Noch jedes Mal ist die Lektüre von Christa Wolfs Prosa produktiv für mich, anregend, inspirierend, herausfordernd. Das Beste: Immer begegnet man in ihren Texten auch der Autorin selbst. Sie ist nie unsichtbar als Person. Vielleicht ergeht es den Lesern des Bandes ähnlich: Machen Sie Ihre Erfahrungen mit den Büchern Christa Wolfs, lassen Sie sich mit Kassandra, der Königstocher aus Troja, vor dem Löwentor von Mykene nieder, alles überdenkend, was ihr passiert war; suchen Sie sich »Ihren« 27. September, vielleicht *des* Jahres, in dem Ihnen selber etwas Wichtiges geschehen ist. Finden Sie schließlich »Ihren« Lieblingstext heraus und lassen Sie sich zum Lesen verführen …

Monika Melchert
Berlin, im Herbst 2008

Zu Leben und Werk Christa Wolfs

1929	Am 18. März als Christa Ihlenfeld in Landsberg an der Warthe geboren, Eltern Kaufleute
1944–1944	Schulbesuch in Landsberg
1945	Januar: Flüchtlingstreck nach Mecklenburg
1947	Umzug nach Bad Frankenhausen, Thüringen
1949	Abitur, Eintritt in die SED
	Studium der Germanistik an der Friedrich-Schiller-Universität Jena
1951	Heirat mit Gerhard Wolf. Wechsel an die Karl-Marx-Universität Leipzig
1952	Geburt der Tochter Annette
1953	Studienabschluss, Diplomarbeit bei Prof. Hans Mayer
	Umzug nach Berlin, wiss. Mitarbeiterin beim Deutschen Schriftstellerverband
1955	Vorstandsmitglied des Schriftstellerverbandes (bis 1977)
1956	Cheflektorin im Verlag Neues Leben, Berlin
	Geburt der Tochter Katrin
1958/59	Redakteurin der Zeitschrift *Neue deutsche Literatur*
1959	Umzug nach Halle/Saale. Anthologie *Wir, unsere Zeit*, hg. von Christa Wolf und Gerhard Wolf
1960	Studienaufenthalt im VEB Waggonbau Ammendorf bei Halle. Leitung eines Zirkels schreibender Arbeiter
1961	*Moskauer Novelle*

1962	Umzug nach Kleinmachnow bei Berlin
1963	Heinrich-Mann-Preis der Akademie der Künste Berlin *Der geteilte Himmel*
1964	Nationalpreis III. Klasse für Kunst und Literatur
1965	Teilnahme am Internationalen Schriftstellertreffen in Weimar Aufnahme in das PEN-Zentrum der DDR Rede auf dem 11. Plenum des ZK der SED
1967	*Juninachmittag* Abschluss des Manuskripts von *Nachdenken über Christa T.*
1968	Reise in die Sowjetunion zu einem internationalen Schriftstellertreffen auf der Wolga, erste Begegnung mit Max Frisch
1969	*Nachdenken über Christa T.* erscheint, in der DDR von offizieller Seite stark kritisiert
1970	Filmszenarium *Till Eulenspiegel* zusammen mit Gerhard Wolf
1971	Reise ins polnische Gorzów Wielkopolski, ihre Geburtsstadt Landsberg an der Warthe
1972	*Lesen und Schreiben. Aufsätze und Betrachtungen.* Beginn der Arbeit an *Kindheitsmuster*
1973	*Till Eulenspiegel.* Erzählung für den Film (mit Gerhard Wolf)
1974	Mitglied der Akademie der Künste der DDR. Writer in Residence am Oberlin-College, Ohio, USA

	Unter den Linden. Drei unwahrscheinliche Geschichten
	Herausgabe: Anna Seghers, *Glauben an Irdisches*
1975	Sommerhaus in Neu-Meteln, Mecklenburg. Begegnung mit Max Frisch in der Schweiz
1976	Umzug in die Berliner Friedrichstraße
	Kindheitsmuster
	Beteiligung an der Protesterklärung von Künstlern der DDR gegen die Ausbürgerung von Wolf Biermann im November
1977	SED-Parteistrafe (strenge Rüge)
	Austritt aus dem Vorstand des Schriftstellerverbandes
1978	Bremer Literaturpreis. Gastvorlesungen an der University of Edinburgh
1979	*Kein Ort. Nirgends*
	Herausgabe: Karoline von Günderrode, *Der Schatten eines Traumes*
	Fortgesetzter Versuch. Aufsätze, Gespräche, Essays
	Aufnahme in die Deutsche Akademie für Sprache und Dichtung, Darmstadt
1980	Reise nach Griechenland und Kreta
	Georg-Büchner-Preis der Deutschen Akademie für Sprache und Dichtung, Darmstadt
1981	Arbeit am *Kassandra*-Projekt. Aufnahme in die Akademie der Künste Berlin-West
	Teilnahme an der Berliner Begegnung für den Frieden
1982	Teilnahme am Haager Treffen für den Frieden

	Poetik-Vorlesungen an der Johann Wolfgang Goethe-Universität Frankfurt/Main
1983	*Kassandra.* Vier Vorlesungen. Eine Erzählung Gastprofessur an der Ohio State University in Columbus, USA; Ehrendoktorwürde Schiller-Gedächtnis-Preis des Landes Baden-Württemberg Das Haus in Neu-Meteln brennt ab
1984	Mitglied der Europäischen Akademie der Künste und Wissenschaften, Paris
1985	*Ins Ungebundene gehet eine Sehnsucht. Gesprächsraum Romantik*, zusammen mit Gerhard Wolf Österreichischer Staatspreis für Europäische Literatur Ehrendoktorwürde der Universität Hamburg Honorary Fellow der Modern Language Association of America
1986	*Die Dimension des Autors.* Aufsätze, Essays, Gespräche, Reden, 2 Teile Mitglied der Freien Akademie der Künste, Hamburg Theaterfassung von *Kassandra* in Zürich
1987	*Störfall* Nationalpreis I. Klasse der DDR. Geschwister-Scholl-Preis der Stadt München Gastprofessur an der Eidgenössischen TH Zürich
1988	*Ansprachen* Schwere Erkrankung, mehrere Operationen
1989	*Sommerstück*

	Im Juni Austritt aus der SED. Rede auf dem Alexanderplatz in Berlin während der großen Demonstration am 4. November
	Mitglied der Kommission zur Untersuchung der Polizei-Übergriffe am 7./8. Oktober in Berlin
1990	Verleihung des Ordens Officier des arts et des lettres in Paris
	Umzug nach Berlin-Pankow
	Was bleibt
	Reden im Herbst
	Ehrendoktorwürde der Universität Hildesheim und der Freien Universität Brüssel
1991	Honorary Member of the American Academy of Arts and Letters
	Teilnahme am Begräbnis von Max Frisch im Juni in Zürich
1992	September bis Juli 1993 Scholar am Getty-Center in Santa Monica, USA
1993	*Akteneinsicht Christa Wolf*
	Austritt aus den Akademien der Künste Berlin-Ost und -West
	Sei gegrüßt und lebe. Eine Freundschaft in Briefen (Briefwechsel mit Brigitte Reimann)
1994	*Auf dem Weg nach Tabou*
	Mitglied der Akademie der Künste Berlin-Brandenburg
1995	*Was nicht in den Tagebüchern steht*
	Monsieur – wir finden uns wieder (Briefwechsel mit Franz Fühmann)
	Unsere Freunde, die Maler (zusammen mit Gerhard Wolf)

1996	*Medea. Stimmen*
1997	Ehrendoktorwürde der Universität Turin
	Premieren der *Medea*-Theaterfassungen am Burgtheater Wien und am Schauspielhaus Leipzig
1998	*Im Stein*
	Aufführung der Messe *In tempore belli* von Joseph Haydn mit Zwischentexten von Christa Wolf im Großmünster Zürich
1999	*Hierzulande. Andernorts*
	Wüstenfahrt
	Elisabeth-Langgässer-Preis der Stadt Alzey
	Nelly-Sachs-Preis der Stadt Dortmund
2000	Hommage zum 100. Geburtstag von Anna Seghers in der Akademie der Künste Berlin
2001	Plakette der Freien Akademie der Künste Hamburg
2002	*Leibhaftig*
	Verleihung des Bücher-Preises für das Gesamtwerk durch Günter Grass auf der Leipziger Buchmesse
	Uraufführung des Oratoriums *Medea in Korinth* von Georg Katzer in Berlin
2003	*Ein Tag im Jahr. 1960–2000*
	Das dicht besetzte Leben (Briefwechsel mit Anna Seghers)
2004	*Ja, unsere Kreise berühren sich* (Briefwechsel mit Charlotte Wolff)
2005	Hermann-Sinsheimer-Preis für Literatur und Publizistik der Stadt Freinsheim
	Mit anderem Blick
2006	*Der Worte Adernetz*

Abbildungen

Dank

Verlag und Autorin danken Christa Wolf für ihre freundliche Zustimmung sowie dem Suhrkamp Verlag Frankfurt am Main für die Genehmigung zum Abdruck der Zitate aus Werken von Christa Wolf.

Besonders herzlich danken wir den genannten Künstlern dafür, dass sie uns ihre Arbeiten zum Werk der Schriftstellerin für dieses Buch kostenlos zur Verfügung gestellt haben.

Monika Melchert

Mit Kafka im Café.
Die schönsten Szenen
bei Anna Seghers.
Ein Lese-Verführer

ISBN 978-3-89626-659-0
207 S., zahlr. Grafiken,
14,80 EUR

Franz Kafka trifft an einem Prager Caféhaustisch mit E. T. A. Hoffmann und Nikolai Gogol zusammen. Man diskutiert und präsentiert sich gegenseitig seine Texte. Was in der Realität nicht möglich war, wird in der Erzählung »Die Reisebegegnung« zauberhafte Wirklichkeit. Anna Seghers (1900–1983), eine der großen Mythenerzählerinnen der modernen deutschen Literatur, hat Prosa von ergreifender Schönheit geschaffen. Sie vertraut auf die Macht der Träume, auf das Märchenhafte und Mythische. Die Kunst kann sich Freiheiten gestatten, die das Leben nicht kennt. Einige der schönsten Texte der Dichterin holen sich den Stoff aus der Welt des Phantastischen und behandeln doch ganz unmittelbar Erfahrungen des 20. Jahrhunderts. Ob Berichte im Stil uralter Sagen, Erinnerungen an Kindheit und Jugend, ob traumhafte Begebenheiten oder Erzählungen, die in die Historie Mexikos, Brasiliens und der karibischen Inseln führen: Immer ist da ein unverwechselbarer Ton. Immer führt die wunderbare, behutsame Sprache der Autorin mitten hinein in Geschichten, die zart sind und kraftvoll, so zeitnah wie zeitentrückt.

Reihe Spurensuche
Vergessene Autorinnen wiederentdeckt

herausgegeben von Monika Melchert

Band 1
Monika Melchert: "Die Dramatikerin Ilse Langner. 'Die Frau, die erst kommen wird ...'" Eine Monographie, trafo verlag 2002, 300 S., ISBN 3-89626-335-8

Band 2
Ilse Langner: "Von der Unverwüstlichkeit des Menschen". Dramenzyklus, herausgegeben von Monika Melchert, trafo verlag 2002, 345 S., ISBN 3-89626-382-X

Band 3
Susanne Kerckhoff: "Vor Liebe brennen". Lyrik und Prosa, herausgegeben von Monika Melchert, trafo verlag 2003, 268 S., ISBN 3-89626-405-2

Band 4
Cläre M. Jung: "Aus der Tiefe rufe ich". Texte aus sieben Jahrzehnten, herausgegeben von Monika Melchert, trafo verlag 2004, 270 S., ISBN 3-89626-432-X

Band 5
Thea Sternheim: "Sackgassen". Roman, herausgegeben von Monika Melchert, mit einem Nachwort von Regula Wyss, trafo verlag 2005, 306 S., ISBN 3-89626-498-2

Band 6
Brigitte Alexander: "Die Rückkehr. Erzählungen und Stücke aus dem Exil", aus dem Spanischen von Theo Bruns, Renata von Hanffstengel, Andrea Sevilla von Hanffstengel, herausgegeben von Ulrike Schätte, trafo verlag 2005, 142 S., ISBN 3-89626-522-9

Band 7
Rühle-Gerstel, Alice: "Wo rett' ich mich hin in der Welt – Feuilletons, Reportagen, Rezensionen und Kinderbeilagen 1924–1936", hrsg. von Jana Mikota, trafo verlag 2007, 333 S., zahlr. Abb., ISBN 978-3-89626-615-6

Band 8
Müller-Jahnke, Clara: "Der Freiheit zu eigen", Gedichte, hrsg. von Oliver Igel, trafo verlag 2007, 391 S., ISBN 978-3-89626-699-6